T0098912

TRAITÉ SUR LA PRÉDESTINATION ET LA PRESCIENCE DIVINE DES FUTURS CONTINGENTS

Translatio
Philosophies Médiévales

Directeurs : Jean-Baptiste BRENET et Christophe GRELLARD

Guillaume d'OCKHAM

TRAITÉ SUR LA PRÉDESTINATION ET LA PRESCIENCE DIVINE DES FUTURS CONTINGENTS

Textes introduits, traduits et annotés

par

Cyrille MICHON

PARIS

LIBRAIRIE PHILOSOPHIQUE J. VRIN

6, Place de la Sorbonne, Ve

2007

Guillaume d'OCKHAM
Opera Philosophica, I et II, St. Bonaventure, New York,
Franciscan Institute, 1974-1988
Opera Theologica, IV, St. Bonaventure, New York,
Franciscan Institute, 1967-1986

© *Librairie Philosophique J. VRIN*, 2007
Imprimé en France
ISSN 1779-7373
ISBN 978-2-7116-1881-1

www.vrin.fr

INTRODUCTION

Commentant le célèbre chapitre 9 du traité *Perihermeneias* (*De l'interprétation*) d'Aristote, et comprenant que, selon Aristote, les futurs contingents ne sont ni vrais ni faux, Guillaume d'Ockham précise que c'est là une thèse qui s'oppose à la foi et à la vérité. Mais il ajoute que c'est à la théologie de l'expliquer (*in theologia declarari debet*). Ce qu'il avait déjà fait lui-même dans son commentaire aux *Sentences* de Pierre Lombard, quelques années plus tôt. Il y défendait la thèse, généralement admise depuis plusieurs siècles par les penseurs chrétiens, que Dieu connaît tout, même le futur, et même le futur contingent dont les actions humaines libres sont le meilleur exemple (voire le seul). Il rencontrait alors le paradoxe bien connu de la compatibilité entre une telle prescience et la liberté des actions humaines, et lui donnait une solution originale, même si elle n'était pas sans précédent. Renvoyer de jeunes auditeurs (seize ou dix-sept ans) à ces volumineux commentaires des théologiens, alors que l'accès aux livres n'était pas chose aisée, a pu encourager le *Venerabilis Inceptor* à restituer cette solution dans un texte plus bref, ne portant pas seulement sur la question générale et en partie philosophique des futurs contingents, mais aussi sur celle, plus théologique, de la prédestination et de la réprobation. C'est du moins la raison que l'on peut trouver à la rédaction du *Tractatus de praedestinatione et de praescientia Dei respectu futurorum contingentium*[1].

Le *Tractatus* aborde frontalement la question théologique de la prédestination et de la réprobation divine, mais répond aussi, et pour ce faire, à la question philosophique de la valeur de vérité des futurs contingents (c'est-à-dire des propositions portant sur le futur contingent), et à celle, philosophico-théologique, de la prescience de ces futurs. Ces deux dernières questions ont gardé un intérêt remarquable pour les philosophes et historiens de la philosophie. Le débat sur les futurs contingents et le problème du fatalisme logique reste une préoccupation de nombreux philosophes, métaphysiciens et philosophes de la logique. L'interprétation du texte d'Aristote est encore disputée parmi les spécialistes. Et la question de

1. Telle est du moins la suggestion des éditeurs du texte latin, voir *Opera Philosophica* II, p. 28*-30*. L'authenticité du traité n'est pas contestée, tant les manuscrits en portent l'attribution à Ockham. Quant à sa datation, elle est approximativement aisée à déterminer. Ockham a rédigé son commentaire des *Sentences* entre 1317 et 1320. Il a immédiatement entrepris un commentaire des œuvres logiques d'Aristote, ainsi que de la *Physique*, avant de rédiger sa propre *Somme de logique* (où l'on trouve un exposé parallèle de la solution au problème des futurs contingents et de la prescience). En 1324 il part pour Avignon, convoqué pour répondre des accusations portées contre lui par l'ex-chancelier d'Oxford, John Lutterell, et rédige principalement dans sa période avignonnaise les *Quodlibeta* qui traitent d'à peu près toutes les questions philosophiques et théologiques abordées dans les autres œuvres, avant de s'enfuir, en 1328, avec le général de l'Ordre des franciscains, Michel de Césène, et d'entrer en dissidence avec la papauté. Son activité intellectuelle se concentre alors uniquement sur les sujets de conflit : la pauvreté, l'autorité du pape, le droit de l'église. Le *Tractatus* n'a pu être rédigé qu'entre 1320 et 1324, sans doute vers 1322 alors que le commentaire d'Aristote est déjà bien avancé.

théologie philosophique qui interroge la compatibilité de la prescience et de la liberté a connu un regain d'intérêt chez les philosophes analytiques de la religion, depuis une cinquantaine d'années[1]. Le sujet de la prédestination a été moins souvent affronté dans les cercles philosophiques, et semble déserté par les théologiens contemporains, alors qu'il connut son heure de gloire lors des controverses des XVIe et XVIIe siècles entre protestants et catholiques, entre arminiens et calvinistes, et entre écoles catholiques rivales, autour du jansénisme. On en débattait encore âprement au début du XXe siècle, mais il semble souvent n'être plus désormais qu'un objet de curiosité historique. Sans doute parce que la doctrine classique de la prédestination ne fait plus beaucoup d'adeptes, ou qu'on la confine au rang des mystères tellement insondables qu'il n'y a rien à en dire[2]. Mais ce n'est peut-être qu'une parenthèse dans une longue histoire.

Il nous faut ici rappeler les jalons historiques qui conduisent à la « solution ockhamiste ».

---

1. Je me permets de renvoyer à mon livre *Prescience et liberté* (Paris, PUF, 2004) qui contient une bibliographie de la littérature récente essentiellement anglo-américaine. La traduction anglaise et son commentaire par M. Adams en constitue un des premiers éléments et permit de faire de la solution « ockhamiste » une position majeure pour les philosophes contemporains. Voir en particulier, pour une reprise et une argumentation propre, A. Plantinga, « On Ockham's Way Out », *Faith and Philosophy* 3 (1986), p. 235-269, réimp. dans M. Sennett, *The Analytic Theist, an Alvin Plantinga reader*, Grand Rapids (Mich.)-Cambridge, Eerdmans, 1998.

2. Voir, sur ce sujet, Moos, « Le secret de la prédestination au Moyen Âge », *Micrologus* (2006). La défense d'une conception de la prédestination chez les philosophes contemporains s'est plutôt faite dans la perspective moliniste. Voir notamment T. Flint, *Divine Providence, The Molinist Account*, Ithaca-London, Cornell University Press, 1998.

RAPIDE SURVOL HISTORIQUE DE TROIS PROBLÈMES

Le problème de la vérité des futurs contingents et l'interprétation d'Aristote

Aristote est crédité d'avoir inventé et légué à la postérité le problème des futurs contingents, ainsi qu'une solution qui lui est propre, au chapitre 9 du traité *De l'interprétation*[1]. Les historiens discutent encore de la nature exacte de l'un et de l'autre. La version traditionnelle est à peu près celle-ci. Aristote envisage la conception qui voit un conflit entre la vérité de propositions (non distinguées des phrases) portant sur le futur, et la contingence de ce futur. La vérité d'une proposition portant sur le futur semble impliquer que celui-ci soit nécessaire. On parle d'argument *fataliste*, et on le reconstruit de diverses manières. Les deux principales (qui ne sont pas exclusives et pourraient se lire toutes deux dans le texte) consistent, pour l'une, à poser que toute proposition vraie est de ce fait même nécessaire, pour l'autre, à dériver la nécessité non de la vérité comme telle, mais de la vérité passée, voire présente, de la proposition[2]. Mais une telle conclusion, qui rend vaine la délibération et ruine la vie sociale, est absurde. Aristote semble alors en conclure (la *réduction* l'amenant à rejeter une prémisse de l'argument fataliste) que les propositions portant sur un futur contingent (comme « il y aura une bataille navale ») ne

1. L'argument dit « dominateur » de Diodore Cronos, transmis notamment par Épictète (*Entretiens* II, 19) ne fut pas connu directement des médiévaux. C'est donc le seul chapitre 9 du *Perihermeneias* d'Aristote et ses commentaires (notamment Boèce), qui sont à la source de la réflexion sur le fatalisme logique.

2. Une discussion sur la bonne *reconstruction* de l'argument d'Aristote nous entraînerait trop loin. Elle est encore objet de discussions. La meilleure d'entre elles est sans doute celle de R. Gaskin, *The Sea Battle and the Master Argument, Aristotle and Diodorus Cronus on the Metaphysics of the Future*.

sont ni vraies ni fausses, bien que la disjonction d'une proposition et de sa négation (« il y aura une bataille navale ou il n'y aura pas de bataille navale ») reste toujours vraie, et bien qu'il soit nécessaire que l'une des deux propositions (ou la proposition équivalente au présent ou au passé) en vienne à être vraie et l'autre fausse. On considère alors généralement qu'Aristote a admis une exception (importante) au principe de *bivalence* (toute proposition est vraie ou fausse), tout en maintenant l'universalité du *tiers-exclu* (la disjonction d'une proposition et de sa négation est toujours vraie). On voit aussitôt que, si certaines propositions ne sont ni vraies ni fausses, la connaissance que Dieu en aurait est compromise, si tant est que la connaissance suppose la vérité (*nihil scitur nisi verum*).

Pour cette raison, de nature théologique, ou par souci de maintenir l'universalité de la bivalence, le traducteur et principal commentateur ancien d'Aristote en latin, Boèce, introduisit une nuance qui fit florès et donna lieu à une interprétation différente. Les propositions portant sur le futur contingent sont dites ne pas avoir de valeur de vérité *déterminée*, comme c'est le cas pour les propositions portant sur le passé, le présent ou le futur nécessaire. Mais elles sont néanmoins vraies ou fausses, et l'on pourrait comprendre alors que Dieu puisse connaître le futur contingent[1]. Toutefois, ces interprètes conciliants d'Aristote, que sont Boèce et ceux qui l'ont suivi (au rang desquels Thomas d'Aquin), ne rendent en général pas compte de la prescience par la connaissance de propositions dont la valeur de vérité est indéterminée (mais plutôt par la vision éternelle de ce qu'elles représentent, voir plus bas). Certains ont

---

1. Voir le chapitre de W. Craig, *The Problem of Divine Foreknowledge and Future Contingents from Aristotle to Suarez*, sur Boèce, et les deux textes de N. Kretzmann cités en bibliographie. John Marenbon donne une lecture très stimulante de ce commentaire de Boèce dans son *Boethius*, p. 38-41.

mis en doute que la vérité indéterminée soit encore une vérité, et pensent que le mot signifie seulement que la proposition est « vraie-ou-fausse », auquel cas on n'aurait fait que compliquer l'interprétation précédente. La bivalence ne serait maintenue que de manière assez nominale : toute proposition est vraie-ou-fausse, et certaines sont ni vraies ni fausses, car leur valeur de vérité n'est pas encore déterminée. La solution d'Aristote, et celle de la vérité indéterminée, semble ainsi admettre trois valeurs de vérité [1]. Proche d'Ockham dans le temps, il semble que Pierre d'Auriole soit un des penseurs les plus explicites dans l'adoption d'une telle logique trivalente. Il explique que la conclusion d'Aristote est rigoureusement démontrée : certaines propositions ne sont ni vraies ni fausses. Si Dieu les connaît (ce qu'Auriole ne nie pas), c'est qu'il connaît éternellement leur contenu, mais cela ne confère pas plus de vérité aux propositions que la vérité de « j'ai lu » n'en donne rétrospectivement à « je lirai » dans le passé [2].

En revanche, d'autres théologiens médiévaux prirent acte de la position d'Aristote et affirmèrent qu'elle était tout simplement fausse, puisqu'elle contredisait la vérité révélée : non seulement la prescience divine, mais la vérité de prophéties portant sur des actes libres, comme celle du reniement de

---

1. Jan Lukasiewicz distingue bivalence et tiers exclu et le fondement des logiques trivalentes dans son article « Philosophische Bemerkungen zu mehrwertigen Systemen des Aussagenkalküls », *Comptes rendus des séances de la Société des sciences et des lettres de Varsovie*, 1930, intro. et trad. angl. T. Kotarbinski, Oxford, Clarendon Press, 1967. Voir aussi son *Aristote's Syllogistic from the Standpoint of Modern Formal Logic*, 2e ed. Oxford, Clarendon Press, 1957, trad. fr. F. Caujolle-Zaslawsky, Paris, Armand Colin, 1972.

2. *Cf.* I *Sent*. d. 38, a. 3, ed. E.M. Buytaert, New York, St Bonaventure, 1952-1956. Sur Auriole et le débat autour des futurs contingents, voir P. Schabel, *Theology at Paris 1316-1345. Peter Auriol and the Problem of Divine Foreknwoledge and Future Contingents*, Ashgate, Aldershot, 2000.

saint Pierre par Jésus. Tel fut notamment au XIIIe siècle la position de Bonaventure qui jugeait « sophistique » la démonstration d'Aristote. Selon Bonaventure la valeur de vérité d'une proposition est éternelle, car elle est indifférente aux marqueurs temporels qui sont liés à l'énonciation (temps verbal, indexicaux)[1]. Ce qui est vrai au présent l'est au futur éternellement et au passé. Le nier serait aller contre la doctrine de la prescience[2]. Cette position est à peu près celle qu'Ockham retiendra sur Aristote : il juge que le Philosophe a admis une exception au principe de bivalence pour les futurs contingents, et qu'il aurait donc refusé à Dieu la prescience de ces futurs, s'il avait envisagé la question[3]. Ockham ne juge pas l'argumentation d'Aristote, seulement sa thèse : elle est fausse, contraire à la foi et aux théologiens. Le fait qu'Ockham ait par ailleurs entrepris de montrer comment on pouvait admettre la prescience sans succomber à l'argument fataliste montre que son désaccord avec Aristote est sincère, et n'est pas un sauf-conduit.

Le problème de la prescience des actes libres

C'est que le fatalisme semble recevoir un grand renfort quand il s'appuie sur la prescience divine. Non seulement celle-ci paraît impliquer la vérité des futurs contingents, et

1. Bonaventure s'approche de la distinction entre la proposition comme contenu et la phrase comme événement physique ou mental, voire de la distinction entre phrase-type (universel) et phrase-token (occurrence), indispensable pour rendre compte de la référence des indexicaux et des temps verbaux. Mais il ne les thématise pas.

2. I *Sent.* d. 38, a. 2, q. 1. *Cf.* I *Sent.*, d. 46, q. 4, ad 4 (« Omne quod modo verum est de presenti ab aeterno verum fuit de futuro »), et d. 40, a. 2, q. 1 ; d. 38, a. 2, q. 2 ad 6.

3. Voir *infra*, la *cinquième supposition* de la q. 1, p. 101, et en appendice le commentaire du *Perihermeneias*, p. 165, et la *Somme de logique* III-2, 32, p. 173.

donc assurer la prémisse de l'argument traditionnel (celui que critique Aristote), mais elle donne même une prémisse plus substantielle : le fait que Dieu ait su dans le passé que telle chose arriverait dans le futur paraît bien plus irrévocable que la seule vérité de la proposition dans le passé. Et cela pour deux raisons. D'abord parce que le rapport d'un intellect avec une proposition, sa considération, son jugement, son assentiment, semble mériter encore plus le titre de « fait » que la seule caractéristique de vérité ou de correspondance avec la réalité[1]. Ensuite, parce que la vérité, en elle-même, ne semble pas impliquer la nécessité : nous aimerions pouvoir dire qu'une proposition vraie *aurait pu* être fausse. Il en va de même de la science : celui qui sait aurait pu ne pas savoir. Mais la science de Dieu est en général conçue non seulement comme universelle (omniscience), mais comme essentielle, appartenant à son essence. Dieu, lui, n'aurait pas pu ne pas savoir.

Augustin, Boèce et Thomas d'Aquin

Il n'est pas sûr que ces précisions aient été envisagées par les premiers penseurs qui réfléchirent sur les conséquences d'une doctrine de la prescience. Ils ont au moins senti que celle-ci corroborait l'argument fataliste tiré de la vérité passée d'une proposition portant sur le futur. Pour Ockham, comme pour ses prédécesseurs, la première source est ici saint Augustin. Dans le dialogue *Sur le libre arbitre*, au livre III, Augustin formule par la bouche d'Evodius, un argument fata-

---

1. Si la proposition comme contenu propositionnel est le véritable porteur de la valeur de vérité, elle est vraie ou fausse, indépendamment du temps. En revanche, un jugement a lieu dans le temps et c'est un fait temporel qu'un esprit a jugé (à t) que p.

liste tiré de la prescience divine [1]. Il ne précise pas pourquoi, mais il pose que ce qui est su par Dieu à l'avance ne peut pas ne pas arriver, et est ainsi nécessaire. Et, à Evodius qui voit une incompatibilité avec le libre arbitre, Augustin répond qu'il n'en va pas ainsi. Le nerf de sa réponse semble résider dans la seule distinction entre contrainte et nécessité. La contrainte s'oppose au libre arbitre, mais pas une nécessité sans contrainte. Pas plus que la mémoire du passé ne contraint celui-ci, la prescience du futur n'impose une quelconque contrainte à ce qui arrivera. En revanche, l'une et l'autre permettent d'inférer que l'objet de considération s'est produit ou se produira nécessairement. Augustin ne distingue pas ici, comme le feront les penseurs ultérieurs, entre la nécessité de la conséquence (Nécessairement : si Dieu a su que p, alors p) et celle du conséquent (si Dieu a su que p, alors nécessairement p), mais il paraît bien comprendre et conclure que c'est ce qui se produira (donc le conséquent) qui est nécessaire. Et de cette nécessité il dit qu'elle n'est pas incompatible avec la liberté. Augustin envisage même l'idée que la prescience puisse *garantir* la liberté : car si c'est d'une action libre que Dieu a la prescience, alors, comme Dieu ne peut pas se tromper, ce qui aura nécessairement lieu est bien une action *libre*.

Dans la *Cité de Dieu* Augustin reproduit la même argumentation, mais en dialoguant cette fois avec Cicéron, qui s'opposait à la doctrine de la prescience au nom du libre arbitre et de la responsabilité. Augustin y montre que la prescience paraît incompatible avec le libre arbitre et la responsabilité dès lors qu'on suppose qu'elle ne fait plus dépendre les actions de leurs auteurs, mais d'un ordre de causes qui doit être posé pour

---

1. Voir *Le libre arbitre* III, 4-11, trad. fr. G. Madec, Paris, Bibliothèque augustinienne 6, 1976.

que Dieu connaisse à l'avance ce qui doit arriver. Une telle détermination causale de nos actions, bien avant notre propre volonté, revient au même qu'une contrainte : nos actions ne dépendraient plus de nous. Et c'est une telle dépendance, de nos actions à l'égard de notre volonté, qui fait la liberté et la responsabilité. En déconnectant la prescience de tout ordre causal, on peut donc maintenir que les actions dépendent des agents, même si elles sont nécessaires : la nécessité due à la prescience doit être distinguée de la nécessité causale, dont la contrainte est la forme violente et consciente. Bref, Augustin sauve la prescience et la liberté, au prix de rendre compatibles liberté et nécessité, donc sans faire de la contingence et du pouvoir des opposés une condition de la liberté. La seule condition est que l'action dépende de la volonté de l'agent, pas que la volonté ait pu prendre une autre option que celle qu'elle a effectivement prise, et dont Dieu avait la prescience [1].

L'autre source antique décisive pour les médiévaux est Boèce. Nous l'avons mentionné pour son commentaire d'Aristote, mais c'est ici le livre de la *Consolation de Philosophie* (V, pr. 3-6) qui est déterminant [2]. Boèce y envisage le même problème de la compatibilité de la prescience avec le libre arbitre, et semble implicitement faire référence à Augustin. Comme Augustin, Boèce tient à maintenir les deux, mais refuse l'idée qu'une action nécessaire, en quelque sens

---

1. On pourrait ainsi trouver motifs à voir chez Augustin un refus du principe des partis contraires, tel que H. Frankfurt l'a également contesté (voir « Partis contraires et responsabilité morale »).

2. Boèce envisage rapidement le problème *théologique* dans le commentaire du *Perihermeneias*, où il étudie évidemment surtout le problème *logique* posé par Aristote. Il y soutient simplement que la prescience est compatible avec la contingence du futur, sans expliquer *comment* cela est possible (voir *In Arist. Periherm.*, ed. Meiser II, p. 225-226).

que ce soit, puisse encore être dite libre et responsable : il ne suffit pas de montrer que cette nécessité n'est pas celle d'un lien causal. À défaut d'être cause d'une nécessité dans les choses, la prescience en serait néanmoins le signe, et cela suffit pour que le libre arbitre soit rendu impossible. Il est bien possible que Boèce estime aisée la solution au seul problème de la compatibilité (il n'y a pas de contradiction à poser une prescience du futur contingent) et que toute la difficulté se concentre pour lui sur la *manière* : comment peut-il y avoir science de ce qui n'est pas nécessaire (suivant l'adage aristotélicien que toute science est science du nécessaire)[1] ?

Du coup, il faut sans doute également distinguer la solution que Boèce a prétendu donner à ce problème et celle que la tradition lui a attribuée, en l'assimilant à la position de Thomas d'Aquin, qui s'en inspire. Selon cette interprétation traditionnelle, la solution boécienne repose sur un principe simple : il n'y a pas à proprement parler de prescience divine, et l'argument fataliste ne peut donc pas prendre son envol. Dieu n'a pas la science de ce qui se produira avant que cela ne se produise, mais son éternité embrasse d'un seul coup tous les temps, et il voit donc dans un présent éternel tout ce qui, pour nous, s'est produit, se produit et se produira. Et, de même que l'observation d'un événement ne lui impose aucune nécessité, ni n'est signe d'aucune nécessité dans l'événement, de même l'observation éternelle que Dieu a du monde n'implique par elle-même aucune nécessité, même à titre de signe. Cette interprétation néglige deux points importants. D'une part l'éternité défi-

---

1. Je suis ici l'interprétation donnée par J. Marenbon dans son *Boethius*, chap. 7 ; et dans *Le temps, l'éternité et la prescience de Boèce à Thomas d'Aquin*, Paris, Vrin, 2005, chap. 1. On se méprend sans doute en pensant que le problème de Boèce est le seul problème logique de la compatibilité, alors qu'il s'agit davantage de l'intelligibilité d'une science qui porterait sur le contingent.

nie par Boèce dans une formule célèbre comme « possession parfaite, entière et simultanée d'une vie illimitée » (*interminabilis vitae tota simul et perfecta possessio*), ne dit pas tant « atemporalité » que possession, appréhension, simultanée de tout le temps. Ce qui n'est sans doute pas très clair, mais n'est pas non plus clairement une simple absence de temps : Dieu est moins dit n'exister en aucun temps qu'exister à la fois (*simul*) en tout temps [1]. D'autre part, Boèce ne dit pas que Dieu est simultané à tout point du temps de sorte que ce qui est futur *pour nous* serait présent *pour lui*. La différence entre le temporel et l'éternel est que la succession impose une dégradation à ce qui s'écoule et ne fait qu'imiter l'immobilité de l'éternel. Il ne faut pas nier que le futur *pour nous* soit aussi un futur *pour Dieu*, mais la différence est que lui ne change pas avec l'advenue de ce futur, et qu'il le possède déjà *par la connaissance*. Autrement dit, le futur lui est *connu comme présent*.

Car tel est le nerf de la solution de Boèce : il y a une manière de connaître le futur propre à ce qui est éternel. Le principe sous-jacent, appelé par John Marenbon, « principe des modes de connaissance » est que « tout ce qui est connu, est connu non pas à partir de sa propre nature, mais à partir de la nature de ceux qui le connaissent » (V. 6, 1). Il faut abandonner un réalisme strict qui veut que l'on connaisse toujours un objet selon le mode d'existence de cet objet. La raison connaît comme immatérielle la réalité matérielle sans pour autant se tromper. Ce n'est que si elle *jugeait* que cette réalité est immatérielle

---

1. Cf. *Consolation de Philosophie* V, 6-8, trad. fr, Paris, Rivages, 1989, p. 211 : « ce qui appréhende et possède en une seule fois la plénitude totale d'une vie illimitée, à quoi rien de futur ne manque, et rien de passé n'a échappé, c'est cela qui est considéré à juste titre comme éternel et il est nécessaire qu'il soit toujours présent à soi-même en étant en possession de soi-même, et qu'il ait présent l'infinité du temps qui passe ».

qu'elle tomberait dans l'erreur. De même, Dieu connaît comme présent et certain ce qui est futur et incertain : « la science de Dieu demeure permanente dans la simplicité du présent et, embrassant les espaces infinis du passé et du futur, les considère tous dans son mode de connaissance simple comme s'ils étaient déjà en train de s'accomplir » (V. 6, 15). C'est parce qu'il connaît le futur comme présent, que Dieu le connaît comme certain, et cette vision n'est pas une erreur et n'impose pas non plus de nécessité à ce qui est connu, pas plus que notre vision du présent n'en impose au présent que nous connaissons : « si on peut se permettre de comparer le présent divin au présent humain, de même que vous voyez certaines choses dans ce présent temporel qui est le vôtre, de même il voit toutes choses dans son présent éternel » (V. 6, 20)

Boèce conclut sa réponse par une distinction entre deux types de nécessité : absolue et conditionnelle. Là encore, on a cru, et c'est ainsi que la plupart des médiévaux l'ont compris, qu'il s'agissait de la distinction de la nécessité de la conséquence et de celle du conséquent, mais John Marenbon a montré de façon convaincante qu'il n'en était rien [1]. La distinction en question lui permet de dire que si le futur prévu n'est pas absolument nécessaire, il est néanmoins nécessaire *en tant que connu*, et que cette nécessité-là, *conditionnelle* ou *conditionnée*, n'est pas une menace pour la liberté. Ce n'est que sous la condition que l'action soit prévue par Dieu qu'elle est nécessaire, mais pas en elle-même. Boèce semble conscient que la distinction ne suffit pas à éviter le fatalisme. Mais ce doute n'est pas accompagné d'un argument qui le motiverait. Un tel argument devrait procéder ainsi : si l'on pose que Dieu a su que

---

1. Boèce n'a pas l'idée d'un opérateur de nécessité portant sur toute une proposition, il s'agit toujours d'une modification du prédicat.

l'action aurait lieu, il s'agit d'un fait passé, et donc nécessaire en un certain sens (nul ne peut faire que le passé n'ait pas été). Si l'on pose ce fait passé et nécessaire et la conséquence admise que, si Dieu sait quelque chose, il en est ainsi, il semble bien s'ensuivre que cela même que Dieu sait est à son tour nécessaire. Cela s'ensuit dès lors que l'on admet le principe que le conséquent d'une conséquence dont l'antécédent est nécessaire est lui-même nécessaire. Boèce n'a pas formé cet argument, ni ce principe, mais on les trouve explicités par celui à qui la solution dite « boécienne » est attribuée à plus juste titre que Boèce lui-même : Thomas d'Aquin.

Thomas distingue clairement la nécessité de la consé-quence (qui porte sur le « si alors » d'une proposition condi-tionnelle, « si p alors q ») de la nécessité du conséquent (qui porte sur la proposition qui suit le « alors » de la condition-nelle : « q »). Et il dénonce le sophisme qui consiste à inférer de « nécessairement Dieu sait ce qui arrivera » que cela est nécessaire. Mais Thomas est aussi conscient que l'argument fataliste échappe à ce sophisme, car il s'appuie sur un principe admis, et que l'on peut appeler *principe de transfert de la nécessité* : si une proposition conditionnelle, de la forme « si p, alors q » est vraie, et que son antécédent (« p ») est nécessaire, alors le conséquent (« q ») est nécessaire[1]. Tel est le cas du

---

1. Ce principe de transfert est largement accepté par les logiciens, dès lors que la nécessité transférée est la nécessité logique et que la conséquence est elle-même une nécessité logique (on l'appelle principe K : p, (p→q) ⊢ q). Il est en revanche très discutable et discuté dès lors que la nécessité transférée n'est pas la nécessité logique. Pour une bonne discussion, voir par exemple J. Fischer, *The Metaphysics of Free Will*, Oxford, Blackwell, 1994, chap. 2-3 (je l'aborde plus rapidement dans *Prescience et liberté*, p. 67-71). Ici Thomas l'admet, sans faire cette distinction : il entend sans doute que la conséquence est une implication stricte, et il considère sans doute que la nécessité temporelle (transférée) est du même ordre que la nécessité logique.

couple formé de la proposition conditionnelle « si Dieu a su que telle chose serait, alors cela sera », et de l'antécédent de cette conditionnelle, « Dieu a su que telle chose serait », qui est nécessaire car il énonce une vérité sur le passé, désormais irrévocable. La distinction des deux nécessités ne permet donc pas de sauver la compatibilité de la prescience et du libre arbitre. Ce qui fournit la solution de Thomas à l'argument fataliste c'est le recours à l'éternité et le refus de parler de *science passée* à propos de Dieu, puisque l'éternité n'est pas assimilable à une durée infinie qui aurait les dimensions du passé, du présent et du futur. Thomas admet donc la validité de l'argument fataliste, mais il en refuse une prémisse, et n'est donc pas contraint d'adopter sa conclusion [1].

Si l'on y regarde de plus près, la réponse de Thomas d'Aquin est néanmoins plus complexe. Elle doit l'être, car le seul recours à l'éternité comme atemporalité ne permet pas vraiment de déjouer l'argument fataliste. En effet, celui-ci peut être reproduit à partir de la prémisse que Dieu sait éternellement (atemporellement) ce que nous ferons, et que cela est tout aussi nécessaire, inévitable, que le passé. Le principe de transfert de la nécessité permet alors tout autant d'inférer que nous ferons nécessairement cela que Dieu prévoit (éternellement) [2]. Il faut donc à Thomas expliquer que le même événement (la même action) peut être futur et contingent *pour nous*

1. Thomas présente sa solution notamment dans la *Somme de théologie* I, q. 14, a. 13 ; la *Somme contre les Gentils* I, 67 ; le *Commentaire des Sentences* I, d. 38, a. 5 ; les questions *De veritate* q. 2, a. 12 ; les questions *De malo*, q. 16, a. 7 ; le *De rationibus Fidei*, chap. 10 ; les *Quodlibeta*, XI, q. 3, a. u., le *Compendium theologiae* c. 132-133 ; et le commentaire du *Perihermeneias* I, lect. 14.

2. Thomas lui-même se fait cette objection (par exemple *Somme de théologie* I, q. 14, a. 13, obj. 2 et ad 2), en mettant l'éternité et le passé sur le même plan.

et *en soi* (relativement à ses causes), même s'il est présent et donc nécessaire *pour Dieu*. Thomas adapte en effet le principe boécien des modes de connaissance et défend ce que J. Marenbon appelle un « principe des conséquences épistémiques » : « Si dans l'antécédent d'une conséquence est signifié quelque chose qui relève de la connaissance, il faut comprendre le conséquent en fonction du mode du connaissant et non en fonction du mode de la chose connue »[1]. Par exemple, puisque toute intellection est immatérielle, il est possible de dire que si Socrate forme l'intellection d'un objet matériel, cet objet est immatériel. En un sens, le plus obvie, le conséquent est faux. Mais l'application du principe permet de comprendre un sens où il est vrai : puisque l'antécédent signifie quelque chose qui relève de la connaissance, il faut comprendre le conséquent en fonction du mode du connaissant, et on comprend alors que l'objet connu est immatériel *en tant que connu*. De la même façon, Thomas dit que, si Dieu sait que quelque chose sera, cela sera. Mais le conséquent doit être compris selon le mode du connaissant. Or le connaissant connaît ce qui arrivera *comme présent*. Il faut donc dire que Dieu sait que cela *est* et non que cela *sera*. La nécessité transmise au conséquent qualifie donc « cela est » et non plus « cela sera ». Et il n'y a pas de difficulté à parler de nécessité du présent[2]. Ce qui est difficile, c'est de penser qu'un même événement est futur pour nous, voire en soi, et présent pour Dieu. Il semble que cette deuxième précision temporelle soit incompatible avec la première, ou soit seulement illusoire.

---

1. Thomas, *ibid.*, et Marenbon, *op. cit.*, p. 145.

2. Pour une analyse subtile et une critique du principe des conséquences épistémiques, voir Marenbon, *ibid.*, p. 145-147.

Jean Duns Scot

Jean Duns Scot a récusé la solution thomiste [1]. Il s'accorde avec son prédécesseur, au moins verbalement, sur deux points : Dieu connaît tout le futur, et il y a de la contingence [2]. Mais il ne pense pas que Thomas ait réussi à établir leur compatibilité. Le principal motif de sa réfutation est l'impossibilité de la coexistence entre des termes dont l'un au moins n'existe pas. Tel est le cas de la prétendue coexistence de l'éternité avec le passé ou le futur. Ce n'est pas dire que Dieu soit temporel, mais qu'il ne coexiste qu'avec le présent du temps. S'il n'y a pas de succession en Dieu, il faut néanmoins admettre qu'il y a de la succession dans les relations entre les créatures et Dieu. Autre point de désaccord avec la solution thomiste : la source de la contingence doit être posée dans la cause première, sans quoi il ne s'agirait que d'une contingence illusoire [3]. Et si on la pose en Dieu, agent par intellect et par volonté, ce doit donc être dans la volonté divine elle-même. Enfin, et c'est un troisième point de désaccord avec Thomas, on ne saurait parler de science nécessaire, sinon au sens où la science est essentielle à Dieu. Mais dès lors que l'objet de la science est contingent, il s'agit d'une

1. Le texte capital de Scot sur notre sujet est celui de son commentaire sur la distinction 39 du premier livre des *Sentences* de Pierre Lombard. Il y a plusieurs versions de ce commentaire, de Scot (*Reportatio parisiensis*) ou de ses élèves qui ont consigné son enseignement : la *Lectura* (ed. Vat., t. XVII, p. 481-510), et cette question particulière de l'*Ordinatio* (ed. Vat., t. VI, app. A, p. 401-444).

2. La contingence est un fait, et c'est un fait indémontrable. Le couple des concepts du nécessaire et du possible constitue une passion première de l'être : tout étant est ou bien nécessaire ou bien possible.

3. Scot comprend que pour Thomas ce sont les causes secondes qui sont sources de contingence, même si la cause première est cause nécessaire.

science que Dieu aurait pu ne pas avoir, donc d'une science contingente.

La source de la contingence est donc la volonté divine, sa liberté. Scot l'étudie à partir d'une analyse de la liberté humaine. Celle-ci est triple : à l'égard de ses actes ou volitions, à l'égard de ses objets, à l'égard des effets produits dans le monde. La première liberté est la marque d'une puissance non actualisée, donc d'une imperfection qu'on ne trouvera pas en Dieu. La seconde et la troisième sont parfaites, mais ne sont pas identiques car nous pouvons avoir l'une sans l'autre : nous pouvons vouloir sans pouvoir produire les effets correspondants. Scot distingue ensuite un pouvoir *manifeste* des opposés, qui est le pouvoir de tendre successivement vers des actes, des objets ou des effets opposés, et un autre pouvoir, *non manifeste*, mais bien réel, et selon lequel on peut dire, alors que la volonté veut un certain objet à un certain instant, qu'elle peut ne pas le vouloir (ou en vouloir un autre) au même instant : ce pouvoir réel correspond à (et accompagne) la compatibilité logique (non-contradiction) entre l'acte ou l'objet et la volonté. C'est une doctrine surprenante, voire osée, qui refuse donc la nécessité du présent. Pour Scot, ce pouvoir des opposés dans l'instant même où l'un des deux est voulu (choisi) est la marque de la vraie contingence. Sans elle, il n'y aurait pas vraiment de contingence, car bien que les puissances puissent s'actualiser successivement de manière opposée, ces actualisations pourraient être déterminées par d'autres causes. Le pouvoir non manifeste des opposés indique que c'est le pouvoir lui-même qui s'autodétermine. La seule possibilité qui est refusée est celle de la concomitance des opposés : la volonté ne peut pas s'actualiser en même temps de deux manières opposées. La confusion de cette prétendue liberté (impossible) et du pouvoir non manifeste des opposés est tenue par Scot pour le principal obstacle à l'adoption de sa doctrine [1].

La volonté divine est donc une liberté à l'égard des objets et des effets. Une autre différence avec la volonté humaine est que la volonté divine ne s'actualise pas en plusieurs volitions, mais en une seule, de portée infinie. Le pouvoir non manifeste de la volonté divine suffit à assurer la contingence des choses que la volonté divine veut tout en pouvant ne pas les vouloir. Cette doctrine du pouvoir de l'opposé dans le moment même où l'autre est voulu est précisée par l'idée d'une antériorité de nature de la puissance sur ses actes. Le pouvoir des opposés n'est pas temporellement antérieur à son acte, mais n'est pas non plus strictement et en tous sens simultané à l'acte. Il suffit d'une antériorité de nature, la cause contingente précédant naturellement son effet

La science divine de la contingence des choses est alors expliquée par Scot comme une connaissance du choix de sa volonté, ou même *par* le choix de sa volonté. L'idée est ici que l'intellect divin, pris indépendamment de tout choix divin, ne connaît que le nécessaire : ce qui existe nécessairement, ou ce qui peut exister, mais alors seulement comme possible (une possibilité nécessaire pourrait-on dire). Dieu connaît par exemple la possible vérité de toutes les propositions contingentes, que l'on peut regrouper par paires de contradictoires. C'est sa volonté qui détermine laquelle, dans chaque paire, sera vraie. Et c'est alors qu'il connaît sa vérité. Scot veut éviter toute forme de discursivité dans la connaissance divine, et refuse donc un modèle inférentiel : ce n'est pas à partir de la

1. La distinction revient à celle qu'il convient de faire, à propos de « X peut faire A et non-A », entre le *sens divisé* (X peut faire A *et* X peut faire non-A) et le *sens composé* (X peut faire ceci : A et non-A).

connaissance de son propre choix que Dieu connaît les futurs contingents. Il soutient que, du fait même que la volonté se décide à actualiser l'une des deux propositions contradictoires, l'essence divine représente *ipso facto* l'état de choses en question.

Ainsi la solution proposée par Scot se distingue de celle de Thomas d'Aquin. La science divine peut bien être dite contingente. Elle est nécessaire en ce que Dieu ne peut pas manquer de savoir, mais, si Dieu connaît une proposition contingente, sa connaissance est contingente, tant que la proposition n'est pas au passé. Thomas d'Aquin soutenait que le point de vue de Dieu, pour ainsi dire, diffère du nôtre, et qu'un même événement peut être contingent en soi, mais nécessaire du point de vue de Dieu, pour la raison qu'il est futur en soi (et pour nous), mais présent pour Dieu, et que le présent est nécessaire. Scot soutient quant à lui que cet événement est contingent pour nous, comme pour Dieu, et cela, même s'il est également présent à Dieu, puisque le contingent ne cesse pas de l'être en étant présent : dans l'instant même où je rends vraie la proposition p, je peux la rendre fausse. Et dans le même instant où Dieu sait que p (et que je fais en sorte que p), il peut savoir que non-p (et que je fais en sorte que non-p). Cette doctrine de la contingence du présent (au moins du présent des actes libres) ne sera pas reprise par Ockham. Si une volonté (humaine ou divine) a le pouvoir des opposés à un moment t1, c'est toujours à l'égard d'un choix futur, disons à t2, tel que, une fois à t2, alors que le choix a lieu, il n'est plus au pouvoir de la volonté de ne pas faire ce choix. Pour Ockham, comme pour Thomas, le présent et le passé sont à la même enseigne de la nécessité temporelle (ou accidentelle). C'était la doctrine d'Aristote : *omne quod est necesse est esse quando est* (*De l'interprétation* 19 a 23).

Scot ne dit pas que la connaissance divine est présente à mes choix futurs, mais qu'elle est présente aux choix de Dieu. Et c'est la contingence du choix de Dieu qui rend contingente la science divine. Il y a donc un problème que ne rencontrait pas Thomas, du moins dans les textes où il traitait explicitement de la science divine des futurs contingents : la racine de la contingence n'est placée qu'en Dieu, là où l'on attendait qu'elle fût en l'homme. Il ne faut sans doute pas tirer des textes de Scot qu'il *refuse* de faire de la liberté humaine une vraie source de contingence. Au contraire, il semble bien l'affirmer, puisqu'il expose la liberté du choix divin sur le modèle de celle du choix humain. Le problème est que, lorsqu'il explique *comment* Dieu connaît les futurs contingents, il semble ne plus envisager comme source de la contingence que la volonté divine. Les commentateurs divergent sur l'interprétation correcte : faut-il dire que la volonté humaine et la volonté divine *coopèrent* pour produire un choix contingent ? On peut sans doute donner des arguments en faveur de cette interprétation, à partir d'autres textes, et nous allons le voir à propos de la prédestination. Mais, encore une fois, lorsque Scot traite de la prescience du futur contingent il ne fait état que de la volonté divine. Et l'on ne sera pas étonné que ce soit un des principaux griefs d'Ockham à son prédécesseur : en concentrant la racine de la contingence dans la volonté divine, cause ultime de tout ce qui arrive, Scot sera accusé d'abandonner la liberté humaine.

Le problème de la providence et de la prédestination

Cette considération du rôle de la volonté divine dans la réalisation des actes libres des hommes nous conduit au troisième problème, le plus difficile : celui de la prédestination. La doctrine de la prédestination peut être envisagée pour elle-même, ou comme un aspect de celle de la providence générale par laquelle Dieu gouverne toutes choses. L'idée principale est que la destinée éternelle de chaque homme n'échappe pas à la volonté divine, et qu'en un sens Dieu a décidé *de toute éternité* ce qu'il en serait. La raison en est que rien n'échappe à la volonté divine, mais aussi qu'aucun acte bon ne peut être réalisé sans sa grâce. Et les objections principales sont :

1) que cette doctrine semble incompatible avec la liberté humaine, plus encore que la prescience, car cette fois il s'agit bien d'une détermination par Dieu (et non d'une simple contemplation),

2) qu'elle semble rendre Dieu responsable du mal, et auteur de la damnation des pécheurs impénitents.

Augustin et Thomas d'Aquin

On considère souvent qu'Augustin a évolué dans sa conception de la prédestination, et plus généralement dans sa conception des rapports entre grâce et libre arbitre. Il fait lui-même état de cette évolution. Dans le dialogue sur le libre arbitre, Augustin ne parle pas de prédestination : il soutient que le libre arbitre est un don de Dieu, qu'il rend le mal possible (c'est une *facultas peccandi*), mais que Dieu n'en est pas responsable, car c'est un néant, non créé, mais seulement permis dès lors que la volonté humaine peut être déficiente en ne cherchant pas le bien. Certes la grâce (mentionnée comme aide de Dieu) est *nécessaire* à l'acte bon, mais elle ne paraît pas *suffisante*. Augustin dut néanmoins très tôt aborder la question de l'efficacité de la volonté divine et de la grâce, notamment en commentant les textes pertinents de Paul, en particulier l'épître aux Romains[1]. Dans ses textes de jeunesse (du temps de sa prêtrise, voire avant), Augustin estime que la rétribution finale est fonction du mérite, que le mérite est la marque des actes bons et que ceux-ci sont un don de Dieu, mais un don qui répond à la foi. De sorte que la foi serait un mouvement de l'homme non déterminé par Dieu. Et la prédestination serait fonction de la prescience que Dieu aurait eu de la foi des élus[2]. Augustin se rallie donc à un modèle « coopératif » (ou « synergique »), commun aux premiers Pères de l'Église, même si la part de l'homme paraît réduite à ce mouvement initial de l'acte de foi[3]. La méditation sur le « qu'as-tu que tu n'aies reçu ? » de Paul (1 Cor 4.7) par Cyprien l'aurait amené progressivement à revenir sur cette autonomie de la réponse de la foi[4]. Se disant « vaincu par la grâce de Dieu », Augustin désavoua cette doctrine dans son livre des *Révisions*[5]. La controverse anti-pélagienne contribua à accentuer cette réaction, qui se développa largement autour de questions précises : la doctrine du péché et du péché originel, celle de la nécessité voire de la suffisance de la grâce, celle de la grâce du premier mouvement de la foi comme de la persévérance finale, ou encore celle du baptême des petits enfants[6].

---

1. Chapitres 7-9 dont le livre VIII des *Confessions* se fait l'écho, comme si Augustin avait voulu montrer qu'il avait lui-même vécu le déchirement intérieur éprouvé par Paul.

2. *Exp. Prop. Rom.* 55.

3. *De div. quaest.* 83, q. 24.

4. Voir *De praedestinatione sanctorum* 3, 7 (rédigé en 428-429).

5. *Révisions* II, 1 (28).

6. La doctrine d'Augustin sur la grâce s'est largement construite dans le cadre de la controverse avec Pélage et ses successeurs. Pour Pélage, les œuvres bonnes sont le fruit une synergie de l'homme et de Dieu, mais l'intervention divine est seulement nécessaire, non suffisante. Et Pélage en vint à soutenir que la part divine nécessaire à l'action bonne était la création et le don du libre

La doctrine de la maturité, accentuée sans doute dans les derniers textes de sa controverse avec Julien, peut être caractérisée ainsi. Avant la chute, Adam a le pouvoir de ne pas pécher comme celui de pécher (*potest non peccare*, et *potest peccare*, là où Dieu ne peut pas pécher, *non potest peccare*, degré suprême de la liberté selon Augustin), du seul fait de son libre arbitre. Certes, Dieu ne veut pas le péché, mais il le permet. De même qu'il ne fait que donner une aide à Adam dans ses œuvres bonnes, sans que celle-ci soit suffisante[1]. Après la chute, tout homme appartient à la masse de la perdition, et ne peut pas ne pas pécher (*non potest non peccare*). Il devient donc l'esclave du péché, et ne peut en être tiré (et libéré en ce sens) que par la grâce divine. Si Dieu donne une grâce suffisante, l'homme est sauvé. Sinon il reste damné, sans que Dieu puisse être incriminé, car il n'aura pas voulu positivement cette issue (au contraire, sa volonté générale est que tous les hommes soient sauvés), mais l'aura seulement permise : la cause de la damnation reste le péché de l'homme, fût-ce le péché originel, hérité. Augustin ne cesse de répéter qu'il faut défendre le libre arbitre (sans lequel les exhortations de l'Écriture et des hommes en

---

arbitre : l'Incarnation, la grâce, les sacrements sont une aide, une facilité, non une nécessité pour l'acte bon ni pour le salut.

1. On est fondé à se demander si le choix d'Adam échappe ou non à la volonté divine. Augustin semble bien accorder une telle faculté au premier homme : « Si donc le premier homme n'a pas reçu ce don de Dieu, c'est-à-dire la persévérance dans le bien, mais a été laissé à son libre arbitre pour sa persévérance ou sa non-persévérance, c'est que sa volonté, qui avait été créée sans péché et contre laquelle aucun mouvement intérieur de concupiscence ne s'élevait, avait de telles forces qu'il était juste de confier à une si grande bonté et à une si grande facilité de bien vivre la liberté de persévérer. Dieu pourtant prévoyait l'injustice qu'il commettrait : il la prévoyait, sans toutefois l'y pousser (*non ad hoc cogente*); mais il savait en même temps ce que dans sa justice il ferait de lui » (*De corrept. et gr.* XII, 37).

général n'auraient plus de pertinence), et qu'il est condition des actes bons (comme des fautes). Mais il enseigne aussi qu'aucun désir bon ne peut surgir sans être promu par Dieu. Comme le dit Gilson, la doctrine est toute entière contenue dans l'expérience que rapporte les *Confessions*, et dans la formule du *Da quod jubes et jube quod vis* (X, 29, 40) : « donne ce que tu commandes, et commande ce que tu veux ». La grâce divine est nécessaire à toute action méritoire, mais elle est aussi suffisante pour qu'une volonté veuille bien agir. La grâce ne vient pas en réponse à une orientation de la volonté vers le bien : elle précède et cause cette orientation. Tel est notamment le cas de la foi, sans laquelle nul ne peut être sauvé : elle est un don de Dieu, et même la recherche est déjà un don. Cette conception de l'acte méritoire va de pair avec la doctrine de la prédestination où tout homme après la chute naît dans la masse de la perdition, dont il ne peut être tiré que par Dieu, selon son élection, qui ne saurait être fondée sur les mérites puisqu'elle les précède. Les élus sont récompensés pour des mérites qui sont des dons de Dieu. En revanche les damnés le sont pour des péchés qui ne tiennent qu'à eux. Dieu prévoit également ceux qu'il récompensera et ceux qu'il châtiera, mais la prédestination est uniquement au ciel. Les raisons de l'élection des uns (et de la non élection des autres) sont insondables et sont ce qui, dans toute cette conception, reste le mystère pour Augustin.

> Et voilà la prédestination des saints : car elle n'est rien d'autre : elle est la prescience et la préparation des bienfaits de Dieu par lesquels sont infailliblement délivrés tous ceux qui sont délivrés. Et les autres, où sont-ils sinon dans la masse de perdi-tion où les laisse le juste jugement divin ? C'est là que furent laissés les Tyriens et les Sidoniens eux-mêmes : ils auraient pu avoir la foi, si les admirables miracles du Christ s'étaient accomplis sous leurs yeux ; mais parce qu'il ne leur avait pas été

donné de croire, ce qui aurait pu les conduire à croire leur a été refusé. Ainsi, on le voit, certaines personnes peuvent avoir en elles, pour l'avoir reçu de Dieu, un don naturel d'intelligence qui les porterait vers la foi au cas où elles entendraient des paroles ou seraient témoins de miracles adaptés à leurs esprits : mais si, en vertu d'un jugement divin qui nous dépasse, elles n'ont pas été prédestinées par la grâce à être séparées de la masse de perdition, elles restent elles-mêmes, malgré cela, sans contact avec les paroles ou œuvres divines qui, entendues, vues par elles, leur permettraient de croire (*De dono pers.* XIV, 35).

Dieu coopère avec la volonté bonne, mais cette coopération est en un sens une coopération avec lui-même puisque c'est lui qui donne la volonté bonne. Augustin semble abandonner, avec sa conception de la prédestination, une caractéristique du libre arbitre que la prescience laissait intacte : l'autodétermination, ou le caractère ultime de la volonté dans la série des causes. Cette fois, c'est Dieu qui est, seul, au principe des actes bons. Et s'il permet le péché, celui-ci est inévitable dès lors que Dieu n'intervient pas efficacement : la volonté mauvaise est comme déterminée par sa condition déchue. Un jugement équilibré sur la doctrine d'Augustin demanderait une longue analyse. L'histoire a montré qu'il pouvait être compris comme défenseur du libre arbitre, mais aussi comme l'inventeur de la doctrine du serf arbitre (Luther) : seul Adam aurait eu le « pouvoir des partis contraires ». Mais ces discussions seront surtout le fait des théologiens réformés et de leurs opposants, se prolongeant au XVIIᵉ siècle avec la controverse janséniste. Le Moyen Âge est resté plus serein, et n'a pas vu en général de contradiction dans la doctrine augustinienne. Les grands maîtres du XIIIᵉ siècle ont en général soutenu une doctrine très augustinienne, même si ce fut avec d'autres moyens.

Tel est le cas de Thomas d'Aquin. La question de la *Somme de théologie* (I, q. 23) sur la prédestination offre une doctrine très radicale. La prédestination est une partie de la providence divine, qui est universelle et infaillible. Dieu a choisi de toute éternité les créatures rationnelles auxquelles il réserverait un salut éternel. Certes le salut correspond à des mérites, de même que la réprobation correspond à des fautes valant démérite, mais il n'est pas causé par eux, il est plutôt la fin en vue de laquelle Dieu a donné sa grâce pour que les élus puissent ainsi mériter. Si la prédestination est certaine et infaillible, elle n'impose pas de nécessité selon Thomas, car la providence peut donner lieu à des effets contingents aussi bien qu'à des effets nécessaires : cette distinction doit être rapportée aux causes secondes. Toute action du libre arbitre est ainsi un effet contingent de la providence. C'est sans doute le point capital de la solution thomiste pour rendre compatible la providence infaillible et la liberté humaine : la transmission et la réalisation du plan divin par une cause seconde contingente et libre assure que l'effet le soit aussi, quand bien même la cause première ne peut manquer son but.

Thomas récuse ainsi toute doctrine de la prédestination *post praevisa merita* : ce ne sont pas les mérites qui sont causes de la prédestination, ni même raisons de celle-ci [1]. Thomas critique ainsi une position qui a pu être celle d'Augustin (première époque), dès lors qu'il aurait envisagé la grâce et le libre arbitre comme sources d'effets distincts. Ce qui vient de la grâce ne pourrait être le motif de la prédestination, puisqu'un tel don en

1. Thomas récuse la doctrine d'Origène, et plus encore celle des Pélagiens. Mais sa doctrine de l'éternité et de la simplicité divines n'autorisent pas à lui attribuer telle quelle la doctrine d'une prédestination *ante praevisa merita* : c'est dans un seul acte et dans le présent de l'éternité que Dieu prévoit les mérites et prédestine les individus.

fait partie. Mais supposer que le motif vienne du libre arbitre reviendrait à dire que cela échappe à la prédestination et à la providence. À moins de parler d'un effet particulier de la providence, qui peut bien avoir pour raison un autre effet de la providence qui en serait comme la cause finale (ainsi la grâce peut-elle être donnée en vue de la gloire), rien, hors de Dieu, ne peut être cause ni raison de la providence, voire de la prédestination, prise dans son ensemble. Si l'on veut assigner une raison, ce ne peut être que la volonté divine, et son objet qui est la bonté divine. Thomas reprend alors un motif néoplatonicien : Dieu veut que l'univers représente le mieux sa bonté, ce qui suppose que toute l'échelle des degrés d'être soit réalisée. Pour le genre humain, cette bonté est mieux représentée si des maux se réalisent qui permettent certains biens. Ainsi, en prédestinant certain hommes au salut, Dieu fait montre de miséricorde, en les épargnant. Et en réprouvant les autres, il fait montre de justice, en les punissant [1].

Thomas récuse l'idée qu'un tel choix divin puisse être injuste. D'une part la réprobation n'affecte que les pécheurs endurcis, et tout pécheur pénitent et méritant est prédestiné et sera sauvé. D'autre part, s'il est vrai que le choix de prédestiner ou de réprouver précède l'existence même des créatures, et ne dépend pas de leur mérite ou de leur démérite, il reste que ce choix n'est justement pas fonction d'un dû, qui obligerait Dieu à donner les mêmes grâces à tous (car il faut traiter également ceux qui sont égaux, et tous les hommes le sont avant d'exister), mais d'une grâce, d'un don gratuit qui n'impose pas un traitement égal. Thomas peut ainsi citer la parabole des ouvriers de la dernière heure, et la réponse du maître qui donne

---

1. *Somme de théologie* I, q. 23, a. 5, dont plusieurs passages sont cités par Ockham dans *Ordinatio* d. 41, q. un., *infra*, p. 227-229.

le même salaire à ceux qui ont travaillé tout le jour : « prends ton bien et va-t-en, ne m'est-il par permis de faire ce que je veux ? » (Mt 20, 14-15). Enfin, si les mérites peuvent bien être rapportés à Dieu comme leur donateur, il n'en va pas de même des fautes qui doivent être imputées au seul libre arbitre. Si Dieu fait mériter le prédestiné, il ne fait pas pécher le réprouvé : il le laisse seulement sans la grâce suffisante pour être sauvé. Paradoxalement, tandis que l'action méritoire vient, dès ses prémices, de Dieu, la faute, elle, vient, en tant que faute, uniquement du libre arbitre.

Outre la question morale que soulève une telle doctrine, celle de sa cohérence ne peut pas ne pas être envisagée. Contrairement à Calvin qui parlera sans ambages d'une « double prédestination » (au salut ou à la perdition), Thomas d'Aquin, et après lui la tradition catholique, veut maintenir une asymétrie de la prédestination, toujours positive, au salut, et de la réprobation. Le motif en est clairement que Dieu doit être tenu à l'écart de toute responsabilité pour le péché, et que la faute ne doit retomber que sur le pécheur, tandis que le mérite peut être considéré comme un don de Dieu[1]. Il n'empêche que les deux situations étant exclusives et exhaustives, il est difficile de comprendre comment le mérite, la grâce et le salut peuvent dépendre entièrement de Dieu (car si le libre arbitre intervient, c'est une cause seconde dont les mouvements sont aussi préordonnés par Dieu), alors que le démérite, l'abandon et la damnation dépendraient cette fois en partie de l'homme.

---

1. Pour Thomas, Dieu étant la bonté même ne peut pas être cause du mal, mais il peut le permettre, en causant sa condition (le libre arbitre), et en ne l'empêchant pas. Il doit néanmoins pour cela (ne pas empêcher le mal), avoir des raisons.

Jean Duns Scot

Dans son traitement de la prédestination, Thomas n'envisage pas l'éternité atemporelle, comme c'était le cas pour rendre compte de la prescience des actions libres. Le point capital, avons-nous vu, semble être plutôt la distinction de la cause première et des causes secondes, Dieu pouvant faire arriver ou exister le nécessaire comme le contingent, selon que les causes secondes sont nécessaires ou contingentes. Duns Scot raisonne à rebours, et sa position sur la prédestination est beaucoup plus proche de sa position sur la prescience que ce n'est le cas pour Thomas d'Aquin. Nous avions vu que, pour Scot, si la cause première est une cause nécessaire, qu'il y ait ou non des causes secondes, et quel que soit leur nombre, l'effet sera nécessaire. La seule source possible de contingence est donc à chercher dans la cause première. Qui plus est, Scot admet que le passé est nécessaire, irrévocable, mais pas le présent, qui peut être contingent si la cause est contingente. Ainsi, l'action humaine libre doit-elle être considérée comme pouvant ne pas avoir lieu dans le moment même où elle a lieu. Pierre peut, au moment même où il pèche, ne pas pécher. Et il faut dire aussi que, tant qu'il n'a pas atteint la gloire, il peut être damné, car il peut ne pas se repentir, et cela bien qu'il soit prédestiné. Mais alors, il ne serait pas prédestiné. La prédestination est, en effet, une action divine. Nous l'exprimons parfois au passé en disant que Dieu *a prédestiné* Pierre. S'il s'agissait vraiment d'un fait passé, Scot admet que l'on ne pourrait pas dire d'un individu prédestiné qu'il peut être damné. Mais cette phrase a un sens et peut être vraie ; non au sens composé (cet individu ne peut être à la fois prédestiné et damné, et il ne le peut pas non plus successivement), mais au sens divisé (cet individu, qui est prédestiné, peut être damné) : le prédestiné a le libre arbitre, et

cela impose de soutenir qu'il peut ne pas réaliser les actions qui
lui valent le salut, mais qu'il peut pécher et ne pas être justifié[1].
Encore faut-il comprendre que la prédestination est une action
présente, dans le présent de l'éternité divine, et une action
contingente de Dieu (il peut ne pas la réaliser). Pour cette double
raison (l'action est contingente et elle est présente), Dieu peut,
alors qu'il prédestine (maintenant) quelqu'un, ne pas le faire.
Scot insiste pour dire que c'est une « fausse imagination » qui
nous fait parler de Dieu au passé, et poser son choix dans le
passé. Imaginons, par impossible, que Dieu soit en train de
délibérer : nous verrions alors que ce choix est contingent[2].

Sur la question du mérite, Scot rappelle la position initiale
d'Augustin, selon qui le mérite est un don de Dieu, mais en
réponse à la foi, dont le début (l'*initium fidei*) vient de l'homme,
et il rappelle qu'Augustin s'est rétracté (*Retract.* I, 22). Contre
Thomas et en suivant Henri de Gand, Scot conteste l'idée que
la damnation des uns contribue à la perfection de l'univers. En
revanche, il ne suit pas Henri, ni Bonaventure, qui veulent
poser un mérite propre au prédestiné et un autre (ce serait un
*dé*mérite) propre au réprouvé, qui seraient des usages du libre
arbitre, causes de leur sort respectif, et dont Dieu aurait eu la
prescience. Cette doctrine de la prédestination *post praevisa
merita*, qui s'appuie sur la justice de Dieu, et la nécessaire
motivation d'un choix entre des traitements inégaux, se heurte
à l'idée que les usages du libre arbitre font également partie de
la *préordination* divine, et que la source du choix ne peut être
que la volonté divine elle-même. Scot se rapproche ici de la
doctrine d'Augustin et de Thomas d'Aquin, et il prend pour
argument les enfants morts sans baptême, exclus de l'élection

---

1. *Ordinatio* I, dist. 40, q. un.
2. *Ibid.*, ad 1.

divine, sans qu'aucune action de leur part ne justifie un sort différent de ceux qui meurent baptisés et sauvés.

Cette proximité sur le fond avec la doctrine de Thomas se poursuit dans l'asymétrie que Scot pose entre prédestination et réprobation. Sur la base du principe que tout agent agit en vue d'une fin, et la veut avant les moyens, Scot soutient que Dieu veut que Pierre jouisse de la béatitude avant de vouloir un moyen pour cette fin. Or la foi et l'effort pour bien user du libre arbitre sont aimés comme en vue de la fin, ils ne peuvent donc pas être la raison de la prédestination à la jouissance de Dieu. Seule sa volonté en est la cause. En revanche toute damnation est juste, sinon il y aurait de la cruauté à damner quelqu'un. Dieu ne peut vouloir damner que si cela est juste, il ne peut vouloir damner que celui qui se présente comme pécheur

> je dis donc, sans l'affirmer (*sine assertione*), qu'il n'y a pas de cause de la prédestination, mais qu'il y a une cause de la réprobation. Et cela s'accorde bien avec Dieu, car tous les biens qui sont en nous nous les attribuons à Dieu, mais le mal nous nous l'attribuons à nous-mêmes. C'est pourquoi, il s'accorde bien avec la bonté divine que Dieu prédestine quelqu'un sans qu'il l'ait mérité, mais par sa pure volonté ; tandis qu'il ne s'accorde pas bien avec la justice et la miséricorde de Dieu qu'il veuille châtier et damner quelqu'un sans qu'il l'ait mérité [1].

Le cas de Pierre et de Judas permet à Scot de donner un modèle et une illustration de cette asymétrie. Il utilise pour ce faire la distinction des *instants de nature* au sein d'un même instant de temps. Eternellement, dans l'instant de l'éternité qui est le temps de Dieu, Dieu a prédestiné Pierre. Mais dans le même instant de nature, il n'a pas réprouvé Judas, il est seulement vrai qu'il ne l'a pas prédestiné. On peut dire que dans cet

---

1. *Lectura* I, d. 41, q. un.

instant, il ne veut rien pour Judas – il n'y a que la négation de la volition de la gloire. Dans un second instant de nature, il veut la grâce pour Pierre, mais il n'y a toujours aucun acte positif de la volonté divine à l'égard de Judas. Dans un troisième instant, quand il permet que Pierre appartienne (temporairement) à la masse de perdition, il permet aussi que Judas soit fils de perdition : c'est le premier acte concernant Judas, un acte qui est le même pour Judas et Pierre. Mais avec les négations antérieures il s'ensuit que « Judas sera finalement pécheur » (puisque Dieu ne veut pas lui donner la grâce et la gloire). Dans un quatrième instant de nature, Judas est présenté à Dieu comme pécheur et il veut alors le réprouver.

Le processus de prédestination et celui de réprobation ne sont donc pas identiques : tous les biens sont attribués à Dieu, les maux à nous seuls. Scot compare ce choix divin avec l'amour humain. Soient deux personnes aussi gracieuses l'une que l'autre, mais dont j'aime l'une et pas l'autre : je peux préordonner celle que j'aime à un bien par lequel elle peut me plaire, et ne pas préordonner ainsi celle que je n'aime pas. S'il dépendait de moi de permettre que la première puisse m'offenser, je pourrais permettre que les deux puissent le faire, et du fait que je ne veux pas conduire la seconde à ce par quoi elle peut me plaire, j'aurais la prescience de son offense perpétuelle et je pourrais la punir justement, tandis que j'aurais la prescience que l'offense de la première serait remise ou ramenée à ce que je voudrais.

Selon Scot, c'est donc bien sur la base de ce qu'il fera avec le pécheur que Dieu sait ce qu'il en adviendra, comme nous l'avions vu à propos de la prescience. Mais il se fait l'objection suivante : si Dieu ne fait que permettre l'acte mauvais, par exemple le péché de Lucifer, il paraît alors possible que cet acte n'ait pas lieu, que Lucifer ne pèche pas. Dieu n'aurait alors pas de prescience de cet acte. Scot répond que Dieu sait qu'il va coopérer avec la *substance* de l'acte (mais non avec sa *qualité* d'acte mauvais), dans le cas d'un péché par *commission*, ou qu'il ne va pas coopérer avec un certain acte (bon), dans le cas de l'*omission*. Dans tous les cas, il a donc la prescience du péché. La prescience et la prédestination sont infaillibles, même si l'une et l'autres sont contingentes quand elles portent sur des actions libres : la créature aurait pu agir autrement, car Dieu aurait pu vouloir qu'elle agisse autrement [1].

Les commentateurs se demandent en ce point si le rapport des deux volontés, humaine et divine, est un rapport de *coopération* ou de *subordination*. Si la contingence de l'action libre humaine et le mérite qui lui est attaché dépendent à la fois de Dieu et de l'homme, ou en dernière analyse de Dieu seul. La rapide présentation qui précède incline à penser que la deuxième hypothèse est la bonne. C'est en tout cas ainsi qu'Ockham a compris Scot, l'accusant de faire reposer toute la contingence sur la seule volonté libre de Dieu, et donc de priver la volonté humaine de liberté. Il est temps de considérer maintenant la réponse du *Venerabilis Inceptor*.

LA SOLUTION D'OCKHAM

S'il ne confond pas les notions de prédestination et de prescience, Ockham envisage dans le *Traité* une objection commune et offre un unique principe de solution. L'objection est celle du transfert de la nécessité (accidentelle), qui affecterait le passé de la connaissance (prescience) ou de la volonté

---

1. Sur ces arguments, cf. *Ordinatio*, I, d. 41, q. un., n. 44-51 (ed. Vat., t. VI, p. 333-335).

(prédestination) divines, à l'acte futur qui en est l'objet[1]. Le principe de la réponse réside en quelques mots : les propositions qui attribuent à Dieu la prédestination ou la prescience sont énoncées par des phrases au présent ou au passé, qui semblent donc rapporter des faits présents ou passés, et à ce titre des faits nécessaires, mais elles sont équivalentes à des phrases au *futur*, les faits décrits étant en réalité des faits futurs et (encore) contingents[2]. Autrement dit, les conditions de vérité des propositions considérées relèvent du futur et non du présent ou du passé. Et comme le futur en question est celui d'actions libres, il s'agit d'un futur contingent, et les propositions ne sont donc pas nécessaires. Ainsi « Dieu a prédestiné Pierre » est équivalente à « Dieu donnera la béatitude à Pierre », dont les conditions de vérité sont futures. Cette équivalence quant aux conditions de vérité vaut aussi pour la modalité des propositions : comme la proposition future est contingente, il faut en conclure que la proposition initiale, formulée au passé, est également contingente.

Tout cela mérite quelques éclaircissements. Tout d'abord, notons qu'Ockham admet sans discuter que Dieu existe dans le temps, selon la succession du temps, et qu'il y a bien un sens à parler de lui au passé, au présent ou au futur : Dieu a existé (et agi), existe (agit), existera (agira).

---

1. La notion de nécessité accidentelle entendue comme nécessité due au temps (passé) apparaît dans les *Introductiones in logicam* de Guillaume de Sherwood (rédigées vers 1250), § 1.7.1 de l'édition Lohr (*Traditio* 1983, p. 232) : « on parle de nécessaire par soi pour désigner ce qui ne peut, ni n'a pu ni ne pourra être faux, comme « Dieu existe », et de nécessaire par accident pour ce qui ne peut ni ne pourra être faux, mais a pu l'être, comme « J'ai marché » ».

2. Il s'agit bien du futur pour nous, si l'on estime que la glorification et la damnation sont encore *à venir*. Le point important est qu'il s'agisse d'un futur par rapport au temps auquel la proposition fait référence.

Ensuite, la liberté est entendue au sens le plus fort d'un pouvoir des opposés, une *potentia ad utrumlibet*. Ockham admet l'idée que les substances ont des pouvoirs qui s'exercent dans les circonstances appropriées. Mais alors qu'un pouvoir naturel s'actualise nécessairement quand les conditions sont réunies, le pouvoir de la liberté (qu'il serait prêt à assimiler comme Scot à la puissance rationnelle d'Aristote[1]) reste indéterminé par les circonstances et son actualisation ne dépend ultimement que de l'agent. Il est donc bien la racine de la contingence véritable, et même la seule[2]. Toutefois, Ockham ne suit pas Scot dans son refus de la nécessité du présent : si la volonté est un pouvoir des opposés, c'est à l'égard de ses actes futurs, pas de ses actes actuels. On peut néanmoins dire d'un acte présent que la volonté peut ne pas l'accomplir, au sens où elle peut cesser de l'accomplir immédiatement. Mais elle ne

---

1. Aristote (*Métaphysique* IX, 2, 1048 b 4-24) définit les puissances rationnelles comme puissances des contraires. La chaleur est une puissance irrationnelle, puissance d'un seul effet. La médecine est puissance de la maladie et de la santé, et plus généralement la science est science des contraires, car elle contient la raison des choses contraires, de l'un comme objet (par exemple la santé) et de l'autre comme privation de l'objet (maladie). Aristote précise : « la raison des choses est raison de l'un et de l'autre, mais non de la même manière, et elle réside dans une ,me, qui a en elle un principe de mouvement, de sorte que du même principe, l',me fera sortir deux contraires, puisqu'elle les aura reliés l'un et l'autre à la même raison ». La tradition voyait donc dans la raison, ou dans l'intellect, la puissance rationnelle par excellence. Mais Scot, sur la base de ce même texte d'Aristote, estimait quant à lui que l'intellect est une puissance naturelle, qui s'actualise dans la connaissance. En revanche, la volonté est la puissance des contraires qui exemplifie le concept de puissance rationnelle (*Quaestiones in Metaphysicam* IX, q. 15).

2. Sur cette identification du contingent au libre, voir *infra* le texte du Commentaire sur le *Perihermeneias*, p. 167.

peut pas faire que ce qui existe maintenant (à *t*) n'existe pas maintenant (à *t*). Ce serait une contradiction [1].

Ockham admet donc le principe de la *nécessité* (ou de la *fixité*) du passé et du présent, nécessité qu'on appelle *accidentelle* depuis Guillaume de Sherwood. Et même s'il pose l'existence temporelle de Dieu, donc admet que Dieu a existé, voire a pensé, il estime que si la connaissance de Dieu porte sur le futur contingent, alors cette connaissance n'est pas un fait passé, mais un fait futur (au moins en partie), et que les conditions de vérité de la proposition « Dieu a su que x sera (fera) A » dépendent du futur, même si la proposition peut être déjà dite vraie, puisque la proposition « x sera (fera) A » est déjà vraie. Commençons par ce dernier point.

Futurs contingents

Ockham se sépare d'Aristote sur la question de la vérité d'une proposition, ou de sa vérité déterminée, notion qui n'ajoute rien à la première, sinon un peu de confusion [2]. En effet, Aristote semble dire que la vérité (déterminée) d'une proposition implique (suppose) que ce sur quoi elle porte est déterminé, c'est-à-dire inévitable, nécessaire. Il infère la détermination ontologique de la détermination sémantique. De là sa conclusion qu'il n'y a pas de vérité (déterminée) concernant les futurs contingents, puisque leur contingence suppose

1. C'est la question 3 qui développe cette idée, utilisant notamment l'exemple du péché de l'ange à l'instant de sa création. Voir le texte et les notes.

2. La notion de vérité déterminée est, on l'a vue, considérée par certains comme décisives pour l'interprétation du texte d'Aristote. Ockham quant à lui ne fait pas de sort spécial à une vérité qui serait *indéterminée*, l'ajout n'est donc pas crucial. Voir la *Sixième supposition* de la question 1 et aussi, *infra*, le commentaire du *Perihermeneias*, p. 169. Il faut distinguer l'idée de vérité déterminée de celle de connaissance déterminée, étudiée à la q. 3.

qu'il y a toujours dans les choses une puissance *indéterminée* à ceci ou à cela. Bref, selon Aristote, attribuer à un certain moment (T1) la vérité à une proposition concernant un temps ultérieur (T2), c'est également poser qu'il est alors (à T1) nécessaire que la proposition soit vraie. Pourquoi ? Parce que la vérité est attribuée au présent, ou au passé, et que nul ne peut faire que le présent ne soit pas, ni que le passé n'ait pas été. En disant qu'il y aura demain une bataille navale, on dit qu'il est vrai maintenant, ou qu'il est maintenant le cas, que quelque chose aura lieu[1]. Ce fait est bien un fait présent, et à ce titre un fait irrévocable, nécessaire. Mais c'est justement là ce que récuse Ockham : qu'une proposition soit vraie n'est pas un fait présent, ou n'est pas seulement un fait présent si la proposition porte sur le futur. La simple vérité à un certain moment (T1) d'une proposition portant sur un certain temps (T2) n'implique pas qu'elle soit nécessaire à ce moment là (T1), s'il est encore contingent que ce qu'elle décrit se produise (à T2). Tout ce que l'on peut dire c'est que ce fait contingent ne le sera plus une fois réalisé, et donc que la proposition (ou une proposition équivalente au passé) doit être nécessaire à un moment ou à un autre (Ti), moment qui sera ultérieur au temps sur lequel porte la proposition s'il s'agit d'une matière contingente[2].

---

1. S'il est vrai jeudi que Pierre reniera vendredi, alors il est nécessaire dès jeudi que Pierre renie. M. Adams propose la formule suivante : « "x est (était, sera) A à t_m" est vrai de manière déterminée à t_n, si et seulement si il n'y a pas de puissance dans les choses à t_n pour que x ne soit pas A à t_m ».

2. Bien que «Pierre reniera vendredi» soit vraie jeudi, elle (ou plutôt la proposition correspondante au passé «Pierre a renié vendredi») n'est nécessaire qu'à partir de vendredi. Adams propose : « "x est (était, sera) A à t_m" est vraie de manière déterminée à t_n si et seulement si à un moment ou un autre il n'y a (avait, aura) aucune puissance dans les choses pour que x ne soit pas A à t_m ».

Ce point est important pour comprendre plusieurs passages de notre texte. Une proposition porte non seulement sur un certain temps, mais elle est énoncée à un certain moment, et elle indique le temps sur lequel elle porte par une marque de date ou par un temps verbal (passé, présent, futur) qui est compris en fonction du contexte de son énonciation ou de sa conception[1]. Notons d'emblée qu'une proposition dont le temps de référence (le temps sur lequel elle porte) est exprimé par un temps verbal peut changer de vérité du simple fait que le temps de l'énonciation est situé avant ou après le temps de référence : une proposition au passé peut être fausse et devenir vraie quand ce qu'elle décrit a lieu, de même qu'une proposition au futur peut être vraie et devenir fausse quand ce qu'elle décrit a eu lieu[2]. Ainsi : « John Kennedy sera assassiné (le 22 novembre 1963) » n'est pas vraie au moment où je l'écris mais elle l'était avant cette date, et l'avait toujours été. Cela étant, une proposition qui *porte sur* le passé (donc sur quelque chose de passé relativement à l'énonciation ou à la conception), que ce soit par le temps verbal ou par une indication de date, ne peut pas avoir une autre valeur de vérité que celle qu'elle a et ne peut donc pas changer de valeur de vérité[3]. En revanche une proposition qui *porte sur* le présent de son énonciation ou conception, donc énoncée *au présent* (éventuellement avec l'indexical « maintenant » ou un équivalent), et décrivant quelque chose de contin-

---

1. Non seulement l'énonciation (vocale ou écrite) d'une proposition est un événement spatio-temporel, mais la formation mentale de la proposition est aussi un événement temporel.

2. On voit que « proposition » a ici (et dans la suite) le sens de « phrase-type ».

3. On peut dire : « Une proposition contingente portant sur le passé t et vraie (à un moment quelconque) après t est nécessairement vraie en tout temps postérieur à t ».

gent comme « Socrate est assis », peut changer de valeur de
vérité (à l'avenir), bien qu'elle ne puisse pas avoir une autre
valeur de vérité dans le temps où elle est vraie et que la proposition modale opposée, « Socrate peut ne pas être assis » ne soit
pas vraie en même temps[1]. Quant à la proposition qui porte sur
le futur, si ce qu'elle décrit est contingent, Ockham soutient
qu'elle peut, au moment où on la dit vraie et où elle est vraie,
être fausse, mais qu'elle ne peut pas changer de valeur de vérité
avant le temps sur lequel elle porte : qui plus est, si elle est vraie
à un moment, elle l'a toujours été avant ce moment (et le sera
jusqu'au temps sur lequel elle porte)[2]. Ainsi, tant que l'on se
situe avant la date en question, la proposition « J.F.K. sera
assassiné (le 22 novembre 1963) » est vraie et peut être fausse,
sa négation peut être vraie, ou encore la proposition « J.F.K.
peut ne pas être assassiné » est vraie dans le même temps. Mais
elle ne peut pas changer de valeur de vérité avant cette date. On
peut dire en ce sens qu'elle est *immuable* avant le temps sur
lequel elle porte, bien qu'elle ne soit pas *nécessaire*[3].

Toute proposition est formée avec un temps verbal (présent,
passé ou futur), que l'on peut faire varier de deux manières :
ces deux variations peuvent être appelées les propositions
correspondantes de la proposition initiale. Ockham pose en
principe que toute proposition au présent et portant bien sur le
présent a une proposition au passé nécessairement vraie dès

---

1. On peut dire : « Une proposition contingente au présent et vraie au
moment de son énonciation t est nécessairement vraie à t, mais elle peut être
fausse en un temps différent de t ».

2. On peut dire : « Une proposition contingente portant sur le futur t et vraie
(à un moment quelconque antérieur à t) est vraie en tout temps antérieur à t, et ne
peut donc changer de valeur de vérité avant t, mais elle n'est pas nécessairement
vraie et peut être fausse avant t ». Voir *infra*, q. 2, art. 3, réponse à (1) ; et q. 5.

3. Voir *Traité*, q. 2, art. 3 ; *Ordinatio* d. 40, q.u., *infra*, p. 219.

lors[1]. Il n'en va pas nécessairement de même pour les propositions au futur, car elles sont énoncées avant le temps sur lequel
elles portent, et la proposition au passé correspondante à une
proposition au futur ne sera vraie qu'une fois passé ce temps
sur lequel elle porte, et non une fois passé le temps où elle est
énoncée, ou conçue. En revanche, on peut adopter le principe
suivant : Toute proposition au futur (« il y aura une bataille
navale ») a deux propositions correspondantes au présent (« il
y a une bataille navale ») et au passé (« il y a eu une bataille
navale ») vraies, si la première l'était, quand le temps futur en
question devient présent puis passé ; ces propositions au
présent et au passé, et portant sur le présent ou le passé, sont
nécessaires quand elles sont vraies. Donc, toute proposition au
futur a une proposition correspondante (au présent ou au passé)
nécessaire à partir d'un moment donné (éventuellement futur).

Mais certaines propositions *exprimées* au passé (ou au
présent) *portent* en fait *sur* le futur, et sont équivalentes à des
propositions au futur (portant sur le futur). C'est en particulier
le cas de propositions dont le prédicat exprime la prédestination ou la réprobation. Selon Ockham, « Pierre a été (est)
prédestiné » équivaut à « Dieu donnera la vie éternelle à
Pierre ». Il faut donc en dire ce que l'on a dit des propositions
portant sur le futur contingent[2] : elle est contingente, elle peut
être fausse, elle n'a pas de proposition correspondante au passé
et nécessaire (avant le temps sur lequel elle porte)[3], mais elle

---

1. Voir *infra*, p. 83-85, *Traité* q. 1, deuxième doute et troisième
supposition.

2. *Traité* q. 1, deuxième doute, deuxième et troisième suppositions.

3. Cette précision doit être apportée car il y a une proposition au passé et
portant sur le passé, ou au passé verbalement et réellement, qui *sera* nécessairement vraie une fois passé le temps sur lequel elle porte (par exemple « Pierre a
reçu la vie éternelle » une fois qu'il l'aura reçue).

ne peut pas changer de valeur de vérité. Ockham estime que ces propositions, exprimées au passé (ou au présent) mais équivalentes à des propositions sur le futur parce qu'elles portent réellement sur le futur, sont d'ordre théologique : ce sont les propositions concernant la prescience et la prédestination. Il ne trouve aucun exemple dans l'ordre naturel d'un prédicat donnant lieu à ce genre d'équivalence. On pourrait néanmoins suggérer que tel est aussi le cas du prédicat « est vrai » ou de l'opérateur « il est vrai que ». Ainsi « il est vrai qu'il y aura demain une bataille navale », voire « il était vrai hier qu'il y aura(it) demain une bataille navale » sont des propositions verbalement au présent et au passé, mais équivalentes à la proposition au futur « il y aura demain une bataille navale » : leurs conditions de vérité dépendent de celles de cette dernière. Telle est bien la solution ockhamiste à l'objection fataliste tirée de l'attribution présente ou passée d'une valeur de vérité à une proposition portant sur le futur. Mais il est vrai que c'est toujours en référence à la prescience divine des futurs contingents qu'Ockham apporte cette solution.

Prescience

La science divine du futur contingent est pour Ockham une vérité de foi, ignorée d'Aristote. Elle découle du caractère universel de l'omniscience, mais Ockham invoque souvent l'argument d'autorité : la prescience est enseignée par les Pères de l'Église (les *Sancti*)[1]. Qui plus est cette science est *déterminée* (comme la vérité) et *certaine*, sans quoi ce ne serait pas une science[2]. Le principe de sa réponse, est que la science divine

---

1. Voir *Traité*, q. 1, sixième supposition, *infra*, p. 101.

2. Voir *Traité* q. 3, art. 1 pour la détermination, art. 2 pour la certitude et l'infaillibilité, et *Ordinatio* d. 38

du contingent n'est pas nécessaire mais *contingente*, et il estime pouvoir maintenir son *immutabilité*[1].

L'argument fataliste reposait sur l'idée que la prescience étant une science passée d'un fait futur, la nécessité accidentelle du passé devait se transmettre à ce qu'il impliquait logiquement, à savoir la réalité (future) de ce que Dieu sait à l'avance. Mais tout comme la vérité passée d'une proposition sur le futur (« il était vrai qu'il sera le cas que p ») est équivalente à cette proposition sur le futur (« il sera le cas que p ») et n'est donc pas un fait strictement passé, l'attribution au présent ou au passé à Dieu d'une science du futur (« Dieu a su qu'il sera le cas que p ») est également équivalente à une proposition au futur. L'analyse est toutefois plus complexe, car il ne s'agit pas de dire que cette attribution est équivalente à l'attribution *au futur* de cette science (« Dieu saura qu'il est le cas que p ») : on veut dire que Dieu savait *avant* ce qui se passerait *après*, qu'il a bien une *pre*science, et le temps verbal de l'attribution doit être maintenu (« Dieu *savait...* »). Or, il ne semble pas qu'il y ait équivalence entre l'attribution d'un savoir et la vérité de la chose sue, ni du point de vue du sens (« X sait que p » n'a pas le même sens que « p ») ni du point de vue des conditions de vérité (les conditions de vérité de « X sait que p » ne sont pas les conditions de vérité de « p »). Toutefois, en vertu du *nihil scitum nisi verum*, il est clair que les conditions de vérité de la première dépendent de celles de la seconde : les conditions de vérité de « Dieu a su que Pierre reniera Jésus » dépendent de celles de « Pierre reniera Jésus », donc dépendent des conditions de vérité d'une proposition sur le futur (ou portant sur un temps ultérieur).

---

1. Voir *Traité*, q. 2, art. 3 sur l'immutabilité, et art. 4 sur la contingence.

Ockham semble s'arrêter ici, ce qui est certainement insuffisant. L'important n'est pas tant qu'il n'envisage qu'une partie de l'équivalence entre la vérité et l'omniscience, celle qui va de la science à la vérité (« tout ce qui est su est vrai »), sans la réciproque (« tout ce qui est vrai est su » qui définit l'omniscience). Car au fond, c'est bien cette partie qui importe ici. Qui plus est, Ockham a certainement raison de dire que les conditions de vérité de la science d'une proposition dépendent de celles de la proposition. Mais une différence importante entre le cas de la prescience d'une proposition et celui de sa vérité passée est que la prescience suppose un sujet et un certain état (une capacité), ou une disposition (croyance), ou un acte (jugement), de ce sujet. Pour aller vite, si je dis que X sait que p (Dieu sait que Pierre reniera Jésus), je ne dis pas seulement que p, mais que X le sait, donc qu'il le pense, ou le croit, ou le juge, ou est capable de le faire. Et si je le dis au passé, j'attribue cet état, disposition ou acte au passé. Maintenant, si Jean sait que Pierre reniera Jésus, il s'ensuit que Pierre reniera Jésus, mais cela ne s'ensuit pas si Jean croit que Pierre reniera Jésus. De sorte que si l'on dit que Jean a eu la prescience du reniement de Pierre, on peut comprendre que Pierre aurait néanmoins pu ne pas renier, et que, s'il ne l'avait pas fait, Jean se serait trompé. Bref, la prescience est compatible avec la contingence et donc la liberté de son objet, dès lors qu'il s'agit d'une prescience *de fait*, dès lors que le sujet de la prescience n'est pas infaillible : il a su, mais il aurait pu ne pas savoir et ignorer ou se tromper. Or, nous ne pouvons envisager cela à propos de Dieu : sa prescience (comme toute sa science) lui est *essentielle*, au sens où il ne peut pas (n'aurait pas pu) se tromper, et toutes ses croyances sont sciences, il est *infaillible*. Mais alors, comment préserver la contingence de l'objet de prescience ? Nul ne peut faire que Dieu se soit trompé (comme on pouvait le faire avec Jean).

L'argument fataliste peut même se passer de la notion de « science », l'infaillibilité suffit : dès lors que Dieu *croit* (à T1) que telle action (reniement) aura lieu (à T2), il s'ensuit qu'elle aura lieu. Mais alors, on ne voit pas comment l'action pourrait ne pas avoir lieu, car on ne peut pas faire que Dieu n'ait pas cru ce qu'il a cru : ce serait modifier le passé.

La réponse d'Ockham doit être *améliorée* pour répondre à cette objection. En fait, il suffit d'en tirer toutes les conséquences. Nous avons vu que la vérité passée d'une proposition au futur était équivalente à cette proposition au futur, et que la science passée d'une proposition portant sur le futur dépendait, dans ses conditions de vérité, du futur. Il suffit de poser qu'il en va de même de la croyance divine : elle dépend, *quant à son existence*, de son objet. Si l'objet est futur, elle dépend du futur. Dès lors, il était bien possible à un agent libre de faire que Dieu n'ait pas su ni cru qu'il ferait telle chose (renier Jésus). Mais ce faisant, il n'aurait pas modifié le passé, puisque cette croyance divine dépendait de son action, il lui suffisait d'agir autrement, ce qui est bien dans les cordes d'un agent libre. C'est sans doute une réponse bien extraordinaire, qui nous impose de réviser notre notion de croyance dès lors qu'on l'applique à Dieu. Mais la notion de « croyance infaillible » n'est pas commune. Qui plus est, en prétendant que les croyances divines dépendent de leur objet, on veut seulement dire qu'il y a équivalence logique entre l'attribution à Dieu d'une certaine croyance, et l'énoncé que l'objet de cette croyance se réalise.

Ockham donne quelques éléments d'élucidation en distinguant la croyance ou la science comme acte, identique à l'essence divine, et comme contenu. La première est nécessaire et immuable, la seconde est contingente et peut changer : Dieu passe du non savoir au savoir et du savoir au non savoir d'un même objet, en fonction du temps, mais c'est par un seul

et même acte qu'il sait et ne sait pas successivement une
certaine proposition. C'est en considérant la science comme
contenu qu'il la déclare contingente, et c'est en la considérant
comme acte qu'il en préserve l'immutabilité. Il semble que le
privilège accordé à l'attribut de l'immutabilité, qu'il conserve,
sur celui de la nécessité, qu'il abandonne, repose sur une préfé-
rence arbitraire pour un point de vue par rapport à un autre.
Mais l'immutabilité peut être défendue d'une autre manière.
En effet, si Dieu peut bien savoir et ne pas savoir successivement une même proposition, en raison du passage du temps,
cette évolution est doublement limitée. D'une part, il est clair
que le nombre de propositions sues est toujours le même,
puisque, si une proposition n'est pas sue, c'est qu'elle est
fausse, et donc que sa négation est sue [1]. D'autre part, si Dieu
ne sait pas à un certain moment une proposition qu'il sait (a su,
saura) à un autre moment, c'est qu'il sait au premier moment
une proposition correspondante. Dieu ne sait pas maintenant
(désormais) que John Kennedy *sera* assassiné, mais il l'a su, et
il sait maintenant (désormais) qu'il *a été* assassiné. Et l'on voit
alors la différence entre nécessité et immutabilité, déjà établie
à propos de la vérité des propositions. La science de Dieu est
contingente parce que, du fait que Dieu sait une proposition, il
ne s'ensuit pas qu'il ne peut pas ne pas la savoir. Si la proposition est contingente, et peut être fausse, Dieu peut ne pas la
savoir. En revanche, si Dieu sait une proposition, sa science ne
peut pas changer tant que le temps sur lequel porte la propo-

---

1. Voir q. 2, art. 3, *infra*, p. 123. Dans la dist 39, q.u. de l'*Ordinatio*, la
distinction entre un sens large de savoir qui signifie « se représenter » et a pour
objet aussi bien les complexes que les incomplexes, et le vrai comme le faux,
voire l'impossible, Dieu ne peut pas non plus *savoir* autre chose que ce qu'il
sait. C'est au sens strict, où savoir signifie « connaître le vrai », que l'objet peut
changer, bien que la quantité de vérités connues reste la même.

sition n'est pas arrivé, et elle ne peut pas non plus changer si ce temps est déjà arrivé. Les propositions portant sur le futur contingent sont donc telles que Dieu les sait si elles sont vraies, qu'il peut ne pas les savoir (voire les avoir sues), puisqu'elles peuvent être fausses, mais qu'il ne peut pas successivement les savoir et ne pas les savoir (comme elles ne peuvent pas changer de valeur de vérité) avant le temps sur lequel elles portent (bien qu'il puisse ne plus savoir ou se mettre à savoir des propositions qui changent de valeur de vérité avec l'avènement du temps sur lequel elles portent).

Comment se représenter l'acte de la connaissance divine? Ockham insiste sur son caractère mystérieux, mais il évoque sa simplicité à la fois par l'unicité de l'acte de connaissance (Dieu connaît tout par un seul acte), et par la nature de cet acte qu'il convient de penser sur le modèle de l'acte simple de connaissance intuitive et non sur celui de l'acte complexe du jugement[1]. Toutefois, il admet que par un tel acte Dieu connaît des propositions, puisqu'il connaît ce qui est vrai[2]. Reste que c'est par un acte unique qu'il se représente non seulement des choses diverses, mais successives, et que c'est par le même acte qu'il pourrait connaître autre chose que ce qu'il connaît. A chaque fois, la diversité et la différence (réelle ou possible), se trouve dans l'objet de connaissance, sans altérer l'acte unique et simple, immuable. On voudrait comparer ici l'acte intuitif divin à un miroir dans lequel seraient représentés tous les états du monde et où d'autres états pourraient être représentés, sans que le miroir ne soit altéré. Ou encore, on en vient à distinguer une caractéristique interne et des propriétés externes de la

---

1. Voir *Traité*, q. 1 sixième supposition, *infra*, p. 101, et *Ordinatio* d. 38, *infra*, p. 207.

2. Voir la septième supposition et son usage q. 2, art. 3, *infra*, p. 129.

connaissance divine comme connaissance de ceci ou de cela. La thèse d'Ockham serait alors que les caractéristiques externes (relationnelles) pourraient être modifiées sans modification interne. Ce qu'aucune théorie de la connaissance ne saurait envisager.

Prédestination

Comme on l'a déjà dit, le principe de la solution au problème de la prescience sert aussi à résoudre celui de la prédestination, entendu comme problème d'un conflit apparent entre la toute-puissance de Dieu et la liberté humaine[1]. Toutefois, dans le *Traité*, Ockham se limite surtout à un aspect de ce problème : celui que pose l'antériorité d'une volonté infaillible de Dieu, laquelle semble impliquer la nécessité de ce qui est voulu et même en être la cause. La providence, dont la prédestination est une partie, ajoute à la prescience le vouloir divin. Celui-ci ajoute à la menace pesant sur la liberté humaine. D'une part, l'acte de vouloir (la volition) passé ne semble pas pouvoir être dépendant du futur, comme c'était le cas du savoir. D'autre part, la science ne cause pas son objet, mais le vouloir, surtout s'il est infaillible, est déterminant.

Ockham soutient que la prédestination est contingente en un double sens : *ex parte Dei* et *ex parte praedestinati*. Dieu qui prédestine tel individu aurait pu ne pas le faire. Il n'est personne que Dieu ne puisse pas prédestiner, et il n'est personne qu'il ne puisse pas ne pas prédestiner. Par conséquent pour tout prédestiné (réprouvé), il est vrai que Dieu aurait pu ne pas le prédestiner (réprouver), ou qu'il aurait pu le réprouver (prédestiner). Par ailleurs, Dieu ne prédestine un individu que pour

1. Ockham ne traite pas l'autre problème de la prédestination : celui de sa justice, et de la permission du mal

une ou des œuvres méritoires, et une œuvre ne peut être méritoire que si elle est libre et donc contingente [1]. Le *Traité* suppose cette double contingence et soutient qu'elle n'est pas supprimée par le fait qu'on semble faire référence au passé en disant que Dieu a prédestiné ou réprouvé untel, ou que untel est prédestiné ou réprouvé, comme si cela résultait d'un état de choses antérieur. Il en résulterait (argument fataliste) qu'une fois prédestiné (réprouvé) l'individu ne pourrait plus ne pas l'être. Mais nous avons vu qu'Ockham estime que la proposition « Pierre est prédestiné » énoncée au présent, et celle exprimée au passé, « Pierre a été prédestiné », équivalent à une proposition portant sur le futur : « Dieu donnera la béatitude éternelle à Pierre ». La contingence de ce futur rejaillit sur les deux autres propositions, qui doivent donc être tenues pour contingentes, bien qu'énoncées au présent ou au passé (elles portent en fait sur le futur). Du coup, bien que Pierre soit prédestiné, il reste vrai de dire qu'il peut être damné, et que la proposition « Pierre est prédestiné » *peut être fausse*. La proposition « Pierre est prédestiné » (= Dieu donnera la béatitude éternelle à Pierre ») dit seulement qu'il ne sera pas damné, pas qu'il ne peut pas ne pas être damné. Ou encore, elle est compatible avec « Pierre peut ne pas être prédestiné » (= « Dieu peut ne pas donner la béatitude éternelle à Pierre »). En revanche, elle ne peut pas changer de valeur de vérité avant le jugement dernier : Dieu ne peut pas prédestiner Pierre *puis* le damner. Si l'on se limite au temps qui précède le jugement dernier, il faut donc dire que la proposition « Pierre est prédestiné » peut être fausse, ou que « Pierre est réprouvé » peut être vraie, bien que les deux propositions ne puissent pas être vraies successivement (ou : bien que la proposition initiale ne puisse pas changer de valeur

1. Voir *Ordinatio* d. 40, q. u., *infra*, p. 217.

de vérité)[1]. La raison en est que, si Pierre est prédestiné, cela est contingent, il peut être damné (en raison de Dieu, ou en raison de son propre choix). Mais il est impossible qu'il soit prédestiné *puis* damné[2].

Cette doctrine de la contingence de la prédestination est envisagée par Ockham, lors de la première question, dans le cadre d'une discussion de la thèse qui voudrait que prédestination et réprobation fussent des relations réelles, des propriétés relationnelles inhérentes à leur sujet[3]. L'ontologie d'Ockham n'admet pas de choses relatives : en dehors des substances (singulières) seules les qualités (singulières) ont une consistance ontologique et peuvent être dites inhérer dans une substance. Les autres catégories aristotéliciennes font l'objet d'une réduction aux substances et aux qualités (singulières). Les termes de quantité ou de relation, par exemple, sont des termes connotatifs qui signifient premièrement les substances dont ils sont prédiqués, et secondairement d'autres substances et/ou qualités, ou la même substance à un autre moment ou endroit.

---

1. Sans cette limitation au temps qui précède le jugement dernier, il faut admettre que « Pierre est prédestiné » *peut changer de valeur de vérité*, et en change effectivement le jour du jugement dernier. La proposition est vraie tant que Pierre n'a pas reçu la béatitude éternelle et elle sera fausse ensuite, puisque ce ne sera plus un fait futur (c'est sa correspondante au passé qui sera alors vraie : « Pierre a été prédestiné »).

2. Voir la q. 5 et *Ordinatio* d. 40, q.u., *infra*, p. 221. Il s'ensuit que le nombre des prédestinés (réprouvés) ne peut pas être augmenté, mais il aurait pu être différent ce qu'il est. Voir *ibid.*, *infra*, p. 223.

3. Il n'est pas facile de dire qui a soutenu explicitement cette doctrine. Ockham semble viser Pierre d'Auriole, qu'il avait critiqué nommément dans son commentaire des *Sentences*, *Ordinatio* I, d. 17, q. 1 et *Quaest. var.* q. 1. Mais la thèse critiquée alors est que la grâce ou charité infuse, qui est une forme surnaturelle crée et posée dans l',me par Dieu, est nécessaire et suffisante pour la prédestination. Ainsi comprise la doctrine pourrait être aussi celle de Thomas d'Aquin.

« Père » signifie ainsi premièrement les hommes qui ont des enfants, et secondairement les enfants. Quant au terme abstrait « paternité », il ne signifie rien d'autre que le terme concret « père » : c'est une formation grammaticale sans fondement réel (contrairement aux termes abstraits de qualité comme « blancheur » qui signifient les qualités en elles-mêmes, tandis que les termes connotatifs, concrets, comme « blanc », signifient les substances (blanches) et connotent les qualités inhérentes). On pourrait s'attendre à une telle critique des termes « prédestiné » et « prédestination » ou « réprouvé » et « réprobation ». En fait la critique d'Ockham ne porte pas sur l'appartenance de ces termes à la catégorie de la relation. C'est la réalité de la propriété d'être prédestiné ou réprouvé qui est en cause[1]. S'il y avait une telle chose que la propriété (relative) de la prédestination inhérent dans le prédestiné, cette inhérence serait un fait passé dès lors que l'individu a été prédestiné. Il ne serait plus possible alors de parler de contingence de la prédestination, et de dire que le prédestiné peut être sauvé. Il faudrait pour cela ou bien faire que le passé n'ait pas été (hypothèse tellement invraisemblable qu'elle n'est pas évoquée par Ockham), ou bien admettre qu'alors deux propriétés incompatibles, la prédestination et la réprobation, pourraient inhérer dans la même substance, l'une ayant été introduite à T1 et l'autre à T2. Si la prédestination supposait l'inhérence d'une relation réelle, dire que « Pierre est prédestiné » *peut être faux* reviendrait à dire que la proposition *peut changer de valeur de vérité* (avant le jugement dernier), ce dont on a établi l'impossibilité.

---

1. Auriole ne parle pas de relations mais de formes inhérentes au prédestiné ou au réprouvé. Dans le premier cas il s'agit de la charité infuse, la grâce donnée par Dieu.

Une critique semblable peut être adressée à l'idée que prédestination et réprobation sont des actes passés de Dieu. La contingence du destin final, qui est liée à la liberté du pécheur de se repentir ou de persévérer dans le péché, exige que l'acte divin de prédestiner ou de réprouver soit également contingent, qu'il dépende du choix humain, et qu'il soit donc également futur. En les posant comme passés, on fait dépendre le destin futur du pécheur de ces actes divins, et comme le passé est nécessaire, ce qui en dépend l'est aussi[1]. Dans cette hypothèse, si la proposition « Pierre est prédestiné » est vraie, c'est qu'il y a eu un acte divin passé de prédestination. Dire que la proposition peut être fausse ce serait supposer, si cette possibilité était actualisée, qu'il y a eu un acte de réprobation divine de Pierre dans le passé. Mais il n'est pas possible que dans le passé Dieu ait prédestiné et réprouvé Pierre. Ockham maintient la contingence de la prédestination en disant que la proposition peut être fausse, et qu'alors il n'y a pas eu de prédestination. Mais il ne peut envisager cette conséquence qu'à la condition de soutenir en même temps que la prédestination n'est pas vraiment quelque chose de passé. Si Pierre ne se repentait pas et mourait impénitent, il ferait quelque chose de tel que Dieu ne l'aurait pas prédestiné. Cela est possible seulement si la prédestination n'est pas nécessaire. Et elle n'est pas nécessaire seulement si elle est future ou équivalente à quelque chose de futur. La thèse selon laquelle prédestination et réprobation sont des actes divins passés est incompatible avec leur contingence, et donc avec la liberté du prédestiné et du réprouvé : elle conduit à nier cette liberté ou à poser une conséquence contradictoire. Les deux ne peuvent être acceptés.

---

1. Ockham affirme en effet à plusieurs reprises le principe du transfert de la nécessité.

Que la contradiction ne puisse être acceptée paraît un principe commun à Ockham et ses adversaires. On pourrait en revanche contester sa conception des rapports entre la liberté et la grâce. L'exposé qui précède laisse en effet planer le doute qu'Ockham aurait soutenu une conception pélagienne ou semi-pélagienne de la grâce, doute qui fut soulevé en son temps par son collègue Walter Chatton ainsi, surtout, que par le chancelier d'Oxford John Lutterell, qui en fit l'un de ses chefs d'accusation dans le procès d'Avignon en 1324[1]. En faisant dépendre la prédestination et la réprobation du choix libre de la créature, Ockham semble bien attribuer à celle-ci une condition nécessaire de son salut. Par ailleurs, et en sens inverse, Ockham ne laisse pas de place à l'idée que Dieu ait voulu certaines choses dans le passé concernant les créatures libres, ni qu'il ait eu une volonté universelle de salut, et qu'il ait voulu « que tous les hommes soient sauvés et parviennent à la connaissance de la vérité ».

Ces deux derniers points (volonté passée, volonté universelle) pourraient trouver une réponse dans la distinction, connue d'Ockham, de la volonté *antécédente* et de la volonté *conséquente* de Dieu[2]. La volonté antécédente serait effectivement une volonté passée, une volonté qui peut être volonté universelle de salut, et une volonté qui peut être frustrée. Si Dieu n'est jamais frustré, c'est que sa volonté conséquente ne l'est jamais. Cette volonté conséquente, portant sur des actes libres dont certains sont encore contingents parce qu'ils sont futurs, est elle-même contingente, et donc future ou équivalente à un futur. La nécessité du passé et du présent s'applique

---

1. Sur le procès d'Ockham en Avignon, voir J. Koch, « Neue Aktenstrücke zu dem gegen Wilhelm Ockham in Avignon geführten Prozess », *Recheches de théologie ancienne et médiévale* 7, 1935-1936, p. 79-93 et 168-197.

2. Voir *Ordinatio* q. 46, a. 1.

donc à la volonté antécédente, mais pas à la volonté conséquente. Cette distinction permet, selon Marylin Adams, de
rendre compte d'une apparente incohérence dans le *Traité*.
Dans la question I, Ockham dit que la volonté divine (qu'une
chose ait lieu) est équivalente à la vérité d'une proposition, et
qu'elle est contingente et future si la proposition l'est, même si
on l'attribue à Dieu au présent ou au passé. En revanche, dans
la question III, il est dit que la volonté divine comme la volonté
créée ne peuvent vouloir l'opposé de ce qu'elles veulent
quand elles le veulent. Cette volonté est soumise à la nécessité
du présent, et c'est celle dont nous avons dit en commençant
qu'Ockham l'opposait à la doctrine de Scot. La distinction
entre être *réellement* présent, et être *verbalement* présent
s'applique à la volonté divine. Quand il est question d'actes
libres futurs, il n'y a de volonté divine réellement présente (ni
passée) les concernant que la volonté antécédente, qui peut être
frustrée. La volonté conséquente qui porte sur ces actes n'est
jamais frustrée. De celle-ci on peut dire que Dieu peut vouloir
son opposé au moment même où *on dit* qu'il veut telle chose.
En réalité, il ne s'agit pas d'une volonté *présente*, mais *future*[1].

Mais cette réponse ne vaut pas contre le soupçon de
(semi-)pélagianisme. En fait, ce point n'est pas abordé par le
Traité, qui ne donne pas non plus les éléments permettant d'y
répondre[2]. C'est que la question des rapports de la grâce et de
la liberté est indépendante de celle que pose le rapport entre
le soi disant acte passé de prédestination (ou de prescience) et

---

1. La volonté par laquelle Dieu veut que Pierre soit sauvé peut, au présent,
être une volonté de sa damnation, simplement parce qu'il s'agit d'une volonté
(conséquente) équivalente à un futur, voire à une volonté antécédente future : il
sera le cas que Dieu veut (volonté antécédente) que Pierre soit damné.

2. Il l'est en revanche dans l'*Ordinatio*, dont on trouvera en annexe la
traduction des textes les plus pertinents : d. 17 et d. 40-41.

l'action future. Il s'agit d'un rapport indifférent au temps entre la part de Dieu et la part de l'homme dans le salut. Pour aller vite, on peut définir le pélagianisme par la thèse de la suffisance de l'homme ou de la nature. Chacun, par les seules forces de sa nature, peut réaliser des actes méritoires et parvenir au Salut. Dieu peut bien donner une aide (Incarnation, grâce, sacrements), mais elle n'est pas *nécessaire*. Le semi-pélagianisme défend au contraire la nécessité de l'intervention divine, mais reconnaît également celle de la libre participation de l'homme par des choix et des actes bons, de sorte que l'action divine ne paraît pas *suffisante*. Enfin, la doctrine augustinienne, classique même si elle connaît des formes diverses, aboutit à la thèse de la suffisance de l'intervention divine, même si elle prétend sauver également le libre arbitre. Ockham distingue la bonté morale d'un acte, voire d'une personne, le don divin de la grâce ou de la charité créée (*habitus* infusé dans l'âme de manière surnaturelle), et l'acceptation par Dieu d'un acte ou d'une personne, ou son *être cher* à Dieu, qui consiste en ce qu'il donnera la vie éternelle à cette créature si elle ne change pas de l'état où elle est quand il l'accepte. Il défend alors les thèses suivantes (dont il n'est pas possible de présenter l'argumentation[1]).

Premièrement, sur le strict plan de la nature (ou des conditions purement naturelles, *ex mere naturalibus*, comme dit Ockham) *l'acte moralement bon* est au pouvoir de la volonté humaine, et ne peut d'ailleurs être produit que par une volonté libre. Les philosophes païens l'avaient bien compris et analysé. Autrement dit, nulle intervention divine n'est nécessaire pour réaliser un acte bon.

---

1. Voir notamment *Ordinatio* I, d. 17, q. 1 et 2, et le chapitre de M. Adams dans son *William Ockham*.

Deuxièmement, si la *grâce* ou la *charité* créée, infusée surnaturellement dans l'âme par Dieu, n'est pas nécessaire pour la réalisation d'un acte bon, elle n'est pas non plus donnée nécessairement en réponse à un tel acte. C'est un don gratuit de Dieu, qui peut l'accorder à qui il veut et le refuser à qui il veut.

Troisièmement, l'*acceptation* par Dieu d'un acte ou d'une personne, qui la rend *chère* à Dieu, et telle qu'il lui donnera la vie éternelle si elle demeure dans cet état, que l'on peut appeler « méritoire » ou « digne » de la vie éternelle, n'est pas conditionnée par la présence de la grâce dans la créature rationnelle. La grâce ou la charité infuse n'est donc ni suffisante, ni même nécessaire à l'acceptation. Dieu peut accepter qui il veut (même sans la grâce) et réprouver qui il veut (même avec la grâce). Par là Ockham s'oppose à la doctrine de Pierre d'Auriole et des théologiens qui l'ont précédé (Scot, Thomas, Augustin). L'acceptation divine n'est pas non plus nécessitée par les actes moralement bons de la créature, ni empêchée par leur absence. Et par là, Ockham s'oppose à la doctrine de Pélage. Il peut ainsi écrire :

> C'est pourquoi je dis que, pour que l'âme soit agréable à Dieu et acceptée par lui, du point de vue de la puissance absolue de Dieu aucune forme surnaturelle n'est requise dans l'âme ; et quelle que soit la forme que l'on pose dans l'âme, Dieu peut, par sa puissance absolue, ne pas l'accepter ; de sorte que c'est toujours de manière contingente, libre, miséricordieuse, et par sa grâce que Dieu béatifie quiconque. Par ses propres qualités naturelles, personne ne peut mériter la vie éternelle, et ce n'est pas non plus possible par les dons conférés par Dieu quels qu'ils soient, à moins que Dieu n'ait ordonné de manière contingente, libre et miséricordieuse que celui qui a de tels dons puisse mériter la vie éternelle, de sorte que Dieu ne peut être nécessité (*necessitari*) par rien à conférer la vie éternelle à qui

que ce soit. Ainsi, cette opinion est au plus haut point éloignée de celle de Pélage [1].

La mention de la puissance *absolue* de Dieu (*potentia Dei absoluta*) est ici capitale. En disant que Dieu peut donner la grâce sans répondre à un acte bon, ou accepter sans la grâce (ou refuser celui qui a la grâce), Ockham considère la puissance de Dieu en elle-même, limitée par la seule contradiction : il n'y a pas de contradiction à ce que Dieu agisse ainsi. Et comme Ockham appelle « méritoire » l'acte volontaire et libre accepté par Dieu, et donc pas nécessairement l'acte moralement bon, il soutient également que la présence de la grâce dans l'âme n'est pas nécessaire pour qu'un acte soit méritoire, ou qu'il n'y a pas de contradiction à ce que soit réalisé un acte méritoire (= accepté par Dieu) sans la grâce [2]. Il n'est pas possible d'exposer ici les arguments d'Ockham en faveur de ces thèses. Leur principe est néanmoins simple : Dieu est tout-puissant et souverainement libre, et il peut faire exister séparément tout ce qui est distinct. Tel est le cas de l'acte bon et de la grâce, ou de la grâce et de l'acceptation. Enfin, la conception de la liberté est telle qu'Ockham n'envisage pas qu'un acte libre de la créature puisse ne pas dépendre, au moins en partie, de la créature seule.

---

1. Ord. d. 17, q. 1 [OTh III, 454-5].
2. « il n'y a pas de contradiction à ce qu'un acte soit méritoire sans aucun habitus de ce genre qui l'informe (formellement). Car aucun acte, produit à partir des conditions purement naturelles, ni à partir d'aucune cause créée, ne peut être méritoire, mais seulement par la grâce de Dieu qui l'accepte librement et volontairement. C'est pourquoi Dieu accepte librement le bon mouvement de la volonté comme méritoire quand il choisit quelqu'un pour recevoir la charité, et ainsi par sa puissance absolue, il pourrait accepter le même mouvement de la volonté même s'il n'infusait pas la charité » (*Ordinatio*, d. 17, q. 2 [OTh III, 471-472]).

Cela étant, la puissance divine peut être considérée dans son rapport à la sagesse ou à la bonté divine ou encore aux lois que Dieu a instaurées dans la création. Cette puissance *ordonnée* (*potentia Dei ordinata*) est alors limitée par la prise en considération de cet autre attribut divin ou du plan fixé par Dieu. Et Ockham considère que Dieu a établi des lois selon lesquelles la grâce est bien donnée parfois en réponse à l'acte moralement bon, et contribue à leur réalisation (c'est une aide), sans jamais y être suffisante[1]. Et il a également établi qu'il accepterait les créatures en état de grâce et réprouverait les autres. Du point de vue de la puissance ordonnée, il est donc vrai que Dieu ne peut pas accepter celui qui n'a pas la grâce, et qu'il ne peut pas réprouver (ne pas accepter) celui qui l'a, comme le soutiennent les théologiens classiques. Et Ockham n'est pas suspect de pélagianisme, si Dieu n'est pas contraint (nécessité) d'accorder le salut, ni même d'accorder la grâce en fonction des mérites. Dieu n'est pas contraint, comme on pourrait le suggérer, par sa justice, car Il ne doit rien à personne, et le don de la grâce comme du salut ne sont jamais des dus, et ne peuvent pas être considérés comme justes mais toujours comme libéraux et miséricordieux.

Nous avons vu qu'il n'y avait pas de cause de la prédestination (ni de la réprobation) dans le prédestiné (réprouvé) au sens d'une réalité posée avant le jugement dernier et qui rendrait nécessaire le salut (la damnation), en vertu de la nécessité du passé, ou en vertu d'une contrainte de justice. Mais il peut y avoir une cause au sens d'une *raison*, d'une proposition jouant le rôle d'antécédent d'une conséquence où l'action divine de donner la vie éternelle (de la refuser) est exprimée par le

---

1. Voir la critique de Thomas d'Aquin, dans *Ordinatio* d. 41, q.u., *infra*, p. 229-233.

conséquent[1]. Contrairement à Scot qui voulait que seule la réprobation eût une raison, tandis que la prédestination n'en aurait aucune, Ockham ne soutient pas que le don de la grâce et celui de la vie éternelle sont sans raison, et que Dieu traite différemment des personnes égales selon son bon plaisir. Si Dieu ne doit rien à personne, il ne fait pas non plus acception des personnes, conformément à la doctrine de saint Paul : seul celui qui doit à l'un et à l'autre et n'accorde ce qu'il doit qu'à l'un fait acception des personnes[2]. Dieu accorde sa grâce, et prédestine au salut les uns et non les autres, sur la base de la prévision des actes bons réalisés, ou tout simplement à cause de la persévérance dans la charité[3].

A tout prendre les actes bons, les mérites, importent plus que la présence dans l'âme de l'habitus de la charité. C'est bien parce qu'il prévoit, ou sait d'avance, que la créature se comportera ainsi que Dieu lui donne sa grâce et la prédestine, c'est-à-dire lui donnera la vie éternelle. Mais on ne revient pas par là au pélagianisme, car il reste vrai que Dieu peut, de par sa puissance absolue, ne pas faire ce qu'il fait et a établi qu'il ferait. En un mot, le Dieu d'Ockham se comporte en Dieu pélagien ou semi-pélagien, mais il le fait librement et pourrait ne pas adopter ce comportement, tandis que le Dieu de Pélage est nécessairement pélagien.

---

1. La distinction des deux sens de « cause » et l'assignation d'une cause de la réprobation et de la prédestination est envisagée dans le *Traité* q. 1 supposition neuvième et q. 4 et dans l'*Ordinatio* d. 41, q.u., *infra*, p. 239.

2. Actes des apôtres 10, 34. l'argument est développé par Ockham *Ordinatio* d. 41, q.u. (réponse aux objections), *infra*, p. 243.

3. La prédestination est *post praevisa merita* ou *propter merita* à condition d'entendre par *merita* les actes bons et qui seront rendus méritoires par l'acceptation divine. Sur la grâce donnée pour les actions bonnes réalisées en état de péché mortel, voir *Ord*, d. 41, q.u., contre Thomas d'Aquin, *infra*, p. 229-233.

Restent néanmoins des exceptions au principe d'une justi-fication de la prédestination par les mérites. Notamment ceux des petits enfants morts avant de pouvoir réaliser des actes libres (et donc moralement bons ou mauvais) et celui de la Vierge Marie. Dans le premier cas, où c'est la réception du baptême qui décide du salut ou de la damnation, il semble que la destinée finale soit arbitraire. Ockham refuse d'adopter une doctrine, qui sera développée et étendue par Molina au XVIIe siècle, selon laquelle Dieu aurait la science de ce qu'*aurait fait* le petit enfant *s'il avait survécu*[1]. De tels *conditionnels de la liberté* ne sont pas pris en compte, et Ockham leur oppose que cela pourrait être dit de tout homme, quel que soit l'âge de sa mort : chacun devrait être jugé sur ce qu'il aurait fait s'il avait vécu plus longtemps. Et l'on ne voit pas quel serait le terme de la vie possible qu'il faudrait alors considérer. La suggestion retenue par Ockham est plutôt que les péchés des parents sont la cause de sa réprobation, dans le cas des petits enfants morts sans baptême. Ces fautes seront la raison de la peine de dam (privation de la vision de Dieu), mais non d'une peine de sens qui n'est attachée qu'aux fautes personnelles[2]. Inversement la prédestination des enfants baptisés serait méritée par les bonnes œuvres des parents. Dans l'*Ordinatio*, en revanche, Ockham envisageait que leur cas était semblable à celui de la Vierge Marie qui a été rendue incapable de pécher sans mérite

---

1. Sur Molina, voir la traduction d'un extrait de la *Concordia* et son commentaire par V. Aubin, dans J.-Ch. Bardout (éd.), *Sur la science divine*, et, pour une discussion de la solution moliniste, mon *Prescience et liberté*, chap. 8.
2. C'est en fait la doctrine des limbes qui est suggérée, un état de bonheur naturel (sans vision de Dieu mais sans souffrance).

de sa part[1]. Le *Traité* considère avec le cas de la Vierge Marie
celui des bons anges, plus *pur* sans doute que celui des enfants,
car les anges n'ont pas de parents : leur destinée éternelle est
fixée dès leur création. Si ces cas sont des exceptions à la règle
qui veut que la prédestination ait toujours une raison, alors il y
a une asymétrie entre la réprobation, qui en a toujours une, et la
prédestination qui peut ne pas en avoir. Dans l'*Ordinatio*,
Ockham semble admettre qu'il s'agit bien d'exceptions : ces
cas manifestent que la volonté divine est la seule cause de leur
prédestination, et donc aussi la seule cause de la différence
entre les prédestinés qui le sont pour une raison (leurs mérites)
et ceux qui le sont sans raison[2]. Dieu, dans ces cas, comme
dans celui de la grâce de la conversion accordée à Paul, agit
bien selon son bon plaisir, et sans se conformer à une loi qui
vaut en général, mais pas universellement ni nécessairement.
Plus prudent dans le *Traité*, il dit seulement que ces cas *peuvent
être* ceux d'une prédestination sans raison, mais il laisse ouverte
la possibilité que la Vierge comme les anges aient pu mériter
les grâces qui leur furent données, sans qu'on voie comment.
Mais, même si ces exceptions n'en sont pas, elles sont possibles
et pourraient être invoquées pour confirmer que les lois instaurées par Dieu sont bien contingentes et ne limitent pas sa toute
puissance et sa liberté souveraines.

---

1. Que ce soit par la préservation du péché originel (immaculée conception
défendue par Duns Scot) ou par une intervention spéciale de Dieu pour en
annuler les effets (Thomas d'Aquin), *infra*, p. 241.

2. Voir *Ordinatio* d. 41, q.u. (réponse aux objections), *infra*, p. 243.

BIBLIOGRAPHIE

Textes

Opera Philosophica (OP), St Bonaventure, New York, 1974-1988.
Opera Theologica (OT), St Bonaventure, New York, 1967-1986.
Summa logicae, Ph. Boehner, G. Gal, St. Brown (ed.), OP I, 1974.
Expositio in librum Perihermeneias Aristotelis, Tractus de praedestinatione, de praescientia divina et de futuris contingentibus, A. Gambatese et St. Brown (ed.), OP II, 1978.
Ordinatio ou *Scriptum in librum primum Sententiarum*, Prol. et dist. 1, G. Gal et St. Brown (ed.), OT I, 1967; dist. 2-3, St. Brown (ed.), OT II, 1970; dist. 4-18, G. Etzkorn (ed.), OT III, 1977; dist. 19-48, G. Etzkorn et Fr. Kelley (ed.), OT IV, 1979.
Quodlibeta septem, J.C. Wey (ed.), OT IX, 1980.
Le *Tractatus* et plusieurs extraits de l'*Ordinatio* et de la *Somme de Logique* ont été traduits et annotés en anglais par M. Adams et N. Kretzmann, dans William Ockham, *Predestination, God's Foreknowledge and Future Contingents*, 2ᵉ éd. Indianapolis (In.), Hackett, 1983.

Traductions françaises

Guillaume d'Ockham, *Intuition et abstraction*, introduction, traduction et notes D. Piché, Paris, Vrin, 2005.
Guillaume d'Ockham, *Somme de logique*, trad. fr. J. Biard (dir.), Mauvezin, TER, vol. I, 1993; vol. II, 1996; vol. III-1, 2003.

Études

ADAMS M., *William Ockham*, Notre Dame, Notre Dame University Press, 1987.

BARDOUT J.-Ch. (éd.), *Sur la science divine*, Paris, PUF, 2002.

BIARD J., *Guillaume d'Ockham et la théologie,* Paris, Le Cerf, 1999.

CRAIG W., *The Problem of Divine Foreknowledge and Future Contingents from Aristotle to Suarez*, Leiden, Brill, 1988.

EDIDIN A. et NORMORE C., « Ockham on Prophecy », *International Journal for Philosoophy of Religion* 13 (1982), p. 179-189.

GASKIN R., *The Sea Battle and the Master Argument, Aristotle and Diodorus Cronus on the Metaphysics of the Future*, Berlin-New York, de Gruyter, 1995.

KRETZMANN N., « *Nos Ipsi Principa Sumus :* Boethius and the Basis of Contingency », dans T. Rudavsky (ed.), *Divine Omnipotence in Medieval Philosophy : Islamic, Jewish and Christian Perspectives*, Dordrecht, Reidel, 1985, p. 23-50.

– « Boethius and the Truth about Tomorrow's Sea Battle », dans Ammonius and Boethius, *On Aristotle « On Interpretation » 9*, trad. anglaise D. Blank and N. Kretzmann, London, Duckworth, 1998, p. 24-52.

MARENBON J., *Boethius*, Oxford, Oxford University Press, 2003.

– *Le temps, l'éternité et la prescience de Boèce à Thomas d'Aquin*, Paris, Vrin, 2005.

MICHON C., *Prescience et liberté*, Paris, PUF, 2004.

PLANTINGA A., « On Ockham's Way Out », *Faith and Philosophy* 3 (1986), p. 235-269, réimp. dans M. Sennett, *The Analytic Theist, an Alvin Plantinga reader*, Grand Rapids (Mich.)-Cambridge, Eerdmans, 1998.

SCHABEL C., *Theology at Paris 1316-1345. Peter Auriol and the Problem of Divine Foreknowledge and Future Contingents*, Aldershot, Ashgate, 2000.

SPADE P., *The Cambridge Companion to Ockham*, Cambridge, Cambridge University Press, 1999.

WIERENGA E., « Prophecy, Freedom, and the Necessity of the Past », *Philosophical Perspectives* 5 (1991), Philosophy of Religion, p. 425-445.

WOOD R., *Ockham on the Virtues*, West Lafayette (In.), Purdue University Press, 1997.

GUILLAUME D'OCKHAM

TRAITÉ SUR LA PRÉDESTINATION ET LA PRESCIENCE DE DIEU À L'ÉGARD DES FUTURS CONTINGENTS

[TRACTATUS DE PRAEDESTINATIONE ET DE PRAESCIENTIA DEI RESPECTU FUTURORUM CONTINGENTIUM] [a]

[Quaestio I : *Utrum praedestinatio passiva et praescientia passiva sint respectus reales in praedestinato et praescito*]

Circa materiam de praedestinatione et praescientia est advertendum quod ponentes praedestinationem passivam et praescientiam passivam esse respectus reales in praedestinato et praescito habent necessario concedere contradictoria [b]. Probatio assumpti : accipio aliquem praedestinatum modo

---

a. Texte latin dans les *Opera Philosophica* II, p. 507-539. Je me suis largement servi de la traduction anglaise et des commentaires de M. Adams et N. Kretzmann, dans William Ockham, *Predestination, God's Foreknowledge and Future Contingents.*

b. Il pourrait s'agir d'Alexandre de Halès (*Summa theologica* I, inq. 1, tr. 5, sec. 2, q. 4, t. 1, c. 3), qui soutenait que la prédestination et la réprobation étaient des formes inhérant dans le prédestiné et le réprouvé, une opinion qu'il attribue à Pierre Lombard (à tort), et qui fut déjà rejetée par Thomas d'Aquin. L'idée d'une relation réelle, comme la filiation, est, pour ces auteurs, celle d'une véritable propriété, indépendante de toute considération par un intellect, et distincte de son sujet d'inhérence comme les qualités. Thomas refuse que la prédestination en soit une. Ockham également, mais pour lui une relation réelle n'est

TRAITÉ SUR LA PRÉDESTINATION
ET LA PRESCIENCE DIVINE
DES FUTURS CONTINGENTS

[Question 1 : *La prédestination passive et la prescience
passive sont-elles des relations réelles dans ce qui est
prédestiné et présu ?*]

Sur la question de la prédestination et de la prescience, il
faut remarquer que ceux qui posent que la prédestination et la
prescience passives sont des relations réelles dans le prédestiné et l'objet de prescience doivent concéder nécessairement
des contradictions. Preuve : je prends maintenant un prédestiné,

– et sit a [a] – et quaero utrum a possit peccare per finalem impoenitentiam aut non. Si non, ergo necessario salvabitur, quod est absurdum. Si sic, ponatur quod peccet. Hoc posito, haec est vera « a est reprobatus ». Et tunc quaero utrum respectus realis praedestinationis sit corruptus vel non. Si non, ergo manet in a reprobato, et per consequens a simul erit reprobatus et praedestinatus, quia si talis respectus sit respectus realiter exsistens in a, potest a ab illo denominari [1]. Si corrumpatur, saltem semper erit verum dicere postea quod talis respectus fuit in a, quia secundum Philosophum, *VI Ethicorum* : « Hoc solo privatur Deus, ingenita facere quae facta sunt ». Quod est sic intelligendum : quod si aliqua propositio mere de inesse et de praesenti et non aequivalens uni de futuro sit vera modo, ita quod sit vera de praesenti, semper erit vera de praeterito [b] ; quia si haec propositio sit modo vera « haec res est », quacumque re demonstrata, semper postea erit haec vera « haec res fuit » ; nec potest Deus de potentia sua absoluta facere quod haec propositio sit falsa. Cum ergo haec aliquando fuit vera « iste respectus est in a »,

pas une propriété distincte des substances et des qualités, c'est un concept qui signifie uniquement une ou des substances et/ou qualités. Toutefois, ici, ce n'est pas son argument contre la conception *réaliste* des relations qui est mobilisé, mais seulement le refus de fonder la prédestination sur une quelconque qualité, indépendante de la considération d'un intellect. L'argument d'Ockham, dans cette question, reprend celui de son Commentaire des Sentences, *Ordinatio* I, d. 30, q. 2.

a. La lettre a sert à Ockham de variable quelconque, qui peut être mise pour un homme (comme ici), pour une proposition (dans ce texte en général pour un futur contingent), ou pour un instant ou un temps déterminé (ce qui sera l'usage le plus fréquent dans le *Traité*). L'impénitence finale est l'absence de repentir pour les fautes graves (péchés mortels) au moment de la mort.

b. L'expression *de praesenti, futuro, possibili*, signifie au sens strict « qui porte sur... », mais elle sert aussi à dire quelle est la modalité temporelle ou

a, et je demande si a peut pécher par son impénitence finale ou non. Si non, il sera nécessairement sauvé, ce qui est absurde. Si oui, posons qu'il pèche. Cela posé, cette proposition est vraie : « a est réprouvé ». Je demande alors si la relation réelle de la prédestination a été corrompue ou non. Si non, elle demeure donc dans a réprouvé, et par conséquent a sera en même temps réprouvé et prédestiné, car si une telle relation est une relation existant réellement dans a, a peut être dénommé par elle [1]. Mais si elle est corrompue, il sera au moins vrai de dire ensuite qu'une telle relation a été dans a, car selon le Philosophe, au livre VI de l'*Éthique* [1139b10-11] : « Cela seul est impossible à Dieu, de faire que ce qui a été fait ne l'ait pas été ». Ce que l'on doit comprendre ainsi : si une proposition énonçant une simple inhérence au présent, sans être équivalente à une proposition portant sur le futur, est maintenant vraie au sujet du présent, elle sera toujours vraie au sujet du passé ; car si cette proposition est maintenant vraie « cette chose est », quelle que soit la chose montrée, alors cette autre proposition sera toujours vraie : « cette chose a été » ; et Dieu lui-même ne peut pas faire par sa puissance absolue que cette proposition soit fausse. Puisque « cette relation est dans a » a été parfois vraie,

---

1. La théorie de la dénomination est le décalque de l'idée de paronymie développée dans les *Catégories* (chap. 1 et 8) par Aristote, mais appliquée aux termes et non aux choses. Pour Ockham, qui s'inscrit dans toute une tradition, le terme dénominatif signifie la substance dont il se prédique, et connote la propriété en vertu de laquelle il en est prédiqué. Ainsi « blanc » dénomme les choses blanches en connotant les blancheurs. Si la prédestination est une relation réelle, les individus qui en sont sujets (qui sont prédestinés) sont dénommés par elle.

ergo haec semper erit vera « iste respectus fuit in *a* » ; ergo haec est semper vera « *a* fuit praedestinatus », nec potest esse falsa per quamcumque potentiam. Et tunc ultra sequitur : iste est modo reprobatus, ergo semper erit verum post illud instans « iste fuit reprobatus ». Et ita in eodem instanti illae duae erunt verae : « *a* fuit praedestinatus » – « *a* fuit reprobatus » ; et ultra : « ergo fuit praedestinatus et non praedestinatus, reprobatus et non reprobatus ». Nec aliquo modo potest solvi ista ratio ponendo praedestinationem et praescientiam esse respectus reales[1].

[Dubia contra responsionem auctoris et responsiones ad ista]

Tamen contra praedicta sunt aliqua dubia. Primum : videtur quod aequaliter concludit contra negantes tales respectus sicut contra ponentes eos, quia accipio aliquem exsistentem in caritate – iste est praedestinatus – quaero tunc utrum caritas potest corrumpi vel non ; et sive sic sive non, sequitur conclusio prius ducta[2].

aléthique de la proposition : les deux vont normalement de pair, une proposition au présent porte sur le présent. Toutefois, Ockham va justement montrer que des propositions *verbalement* au présent portent *en fait* sur le futur. Il est donc difficile de garder une traduction unique. Tant qu'il n'y a pas de risque d'ambiguïté, « au présent » signifie la même chose que « qui porte sur le présent », et permet d'éviter des lourdeurs. Les deux expressions doivent être distinguées quand apparaît la précision « verbalement ». Comme le note Adams, Ockham s'exprime ici de manière imprécise, car c'est bien une proposition *correspondante* mais *au passé* qui sera ensuite toujours vraie (voir l'exemple suivant).

« cette relation a été dans *a* » sera toujours vraie ; « *a* a été prédestiné » sera donc toujours vraie, et elle ne peut être (rendue) fausse par aucune puissance. Et il y a en outre cette conséquence : celui-ci est maintenant réprouvé, donc après cet instant cette proposition sera toujours vraie « celui-ci a été réprouvé ». Et ainsi dans le même instant ces deux propositions seront vraies : « *a* a été prédestiné » – « *a* a été réprouvé » ; et en outre il a donc été prédestiné et non prédestiné, réprouvé et non réprouvé. Et cet argument ne peut être réfuté d'aucune façon tant qu'on pose que la prédestination et la prescience sont des relations réelles [1].

[Doutes et solutions]

Quelques doutes peuvent cependant être formés contre ce qui précède.

Premièrement : il semble que <l'argument> conclut également contre ceux qui refusent de telles relations et contre ceux qui les posent, car si je pose que quelqu'un existe dans la charité – il est prédestiné – je demande si la charité peut alors être corrompue ou non ; qu'il en soit ainsi ou non, la conclusion tirée plus haut s'ensuit [2].

---

1. Si prédestination et prescience sont des relations réelles alors, du fait même qu'elles inhèrent à un instant donné t dans un individu, elles lui appartiendront toujours, et nécessairement : s'il est vrai à t que x est prédestiné, alors la relation de prédestination lui appartient, et comme il sera toujours vrai, après t, que x a été prédestiné, et donc que x est prédestiné, il aura toujours cette relation. Par ailleurs, s'il est vrai à t que x est prédestiné, il sera toujours vrai et nécessaire après t que x a été prédestiné. La relation de prédestination appartiendra donc nécessairement à x après t.

2. Dans le *Quodlibet* VI, q. 1, Ockham précise que la charité peut être comprise comme une qualité inhérant dans l'âme, ou comme l'acceptation de l'âme par Dieu. L'objection fait valoir que si l'on accepte ce qu'Ockham vient de dire de la prédestination (ce n'est pas une propriété inhérant dans le sujet), il

Dico quod supponit falsum, scilicet quod omnis habens caritatem est praedestinatus, quia hoc est falsum, sicut ista « omnis peccans mortaliter est reprobatus », quia Petrus et Paulus peccaverunt mortaliter et tamen numquam fuerunt reprobati, et similiter aliquando Iudas meruit et tamen tunc non fuit praedestinatus[1]. Quia istae propositiones aequivalent aliquibus de futuro, quia aequivalent istis « Deus dabit istis vitam aeternam » et « illis poenam aeternam », quae non sequuntur ad istas « Petrus est in caritate », « Petrus peccavit mortaliter ». Unde si nullus posset esse in caritate nisi esset praedestinatus, tunc concluderet ratio aequaliter contra negantes istos respectus sicut contra ponentes. Sed hoc est falsum; ideo non concludit.

Item, secundo sic : omnis propositio de praesenti semel vera habet aliquam de praeterito necessariam, sicut haec « Sortes sedet », si est vera, haec semper postea erit necessaria

Je réponds que cette objection suppose ce qui est faux, tout comme celle-ci «quiconque pèche mortellement est réprouvé», car Pierre et Paul ont péché mortellement et pourtant ils n'ont jamais été réprouvés, et de la même manière Judas a parfois eu quelques mérites, et pourtant il n'a pas été prédestiné alors[1]. En effet, ces propositions sont équivalentes à certaines propositions à propos du futur, puisqu'elles reviennent à celles-ci : «Dieu donnera à ceux-là la vie éternelle» et «à ces autres le châtiment éternel», lesquelles ne suivent pas de «Pierre est dans la charité», «Pierre a péché mortellement». C'est pourquoi, si personne ne pouvait être dans la charité sans être prédestiné, alors l'argument conclurait également contre ceux qui refusent ces relations et contre ceux qui les posent. Mais cela est faux, et il ne conclut donc pas.

De même, *deuxièmement*. Toute proposition portant sur le présent et vraie une fois a une \<proposition correspondante\> sur le passé nécessaire, par exemple si «Socrate est assis» est vraie, cette proposition sera ensuite toujours nécessaire

---

reste que la charité peut être entendue comme une telle propriété. Et l'objection soutient que si une âme a la charité (est *dans* la charité) alors elle sera acceptée par Dieu. Mais c'est justement l'inférence que récuse Ockham.

1. De même que le péché n'entraîne pas la réprobation, de même le mérite n'entraîne pas l'élection : de par sa puissance absolue (*de potentia absoluta*), Dieu peut accepter le pécheur et réprouver le méritant. Toutefois, Dieu ne peut le faire *de potentia ordinata*, puisqu'il a décidé de réprouver le pécheur impénitent, et de sauver celui qui meurt en état de grâce. Mais il y a donc la possibilité que pendant un certain temps le prédestiné soit pécheur et dans un état où il serait réprouvé s'il mourait alors, et que le réprouvé soit méritant et dans un état (la charité) où il serait sauvé s'il mourait alors.

«Sortes sedit»[1]. Sed haec modo est vera «Petrus est praedestinatus» – ponatur –; igitur haec erit semper necessaria «Petrus fuit praedestinatus». Tunc quaero utrum possit damnari vel non. Si sic, ponatur in esse. Tunc haec est vera de praesenti «Petrus est reprobatus»; igitur de praeterito semper erit necessaria «Petrus fuit reprobatus». Igitur istae essent simul verae: «Petrus fuit praedestinatus» – «Petrus fuit reprobatus».

Dico quod maior est falsa, sicut patet ex tertia suppositione[a], quia illa propositio quae est sic de praesenti quod tamen aequivalet uni de futuro, et cuius veritas dependet ex veritate unius de futuro, non habet aliquam de praeterito necessariam; immo ita contingens est illa de praeterito sicut sua de praesenti. Et tales sunt omnes propositiones in ista materia, sicut patet ex quarta suppositione[b], quia omnes aequivalenter sunt de futuro, quamvis vocaliter sint de praesenti vel de praeterito[2].

a. Voir *infra*, p. 99.
b. Voir *infra*, p. 101.

1. La proposition *sera* nécessaire, dès que le temps (présent) de l'énonciation ou de la conception de la proposition sur le présent est passé. Il s'agit de la nécessité temporelle ou *per accidens*, *cf.* introduction, *supra*, p. 41, note 1.

« Socrate était assis » [1]. Mais cette proposition est vraie une fois « Pierre est prédestiné » – on le suppose ; donc celle-ci sera toujours nécessaire : « Pierre a été prédestiné ». Je demande alors s'il peut être damné ou non. Si c'est le cas, supposons qu'il en soit ainsi. Alors cette proposition-ci est vraie à propos du présent : « Pierre est réprouvé » ; et donc à propos du passé « Pierre a été réprouvé » sera toujours nécessaire. Ces deux propositions, « Pierre a été prédestiné » – « Pierre a été réprouvé », seraient donc vraies en même temps.

Je réponds que la majeure est fausse, comme on le voit à partir de la troisième supposition, car cette proposition qui porte sur le présent de telle sorte qu'elle soit cependant équivalente à une proposition sur le futur, et dont la vérité dépend de la vérité d'une proposition sur le futur, n'a pas de <proposition correspondante> au passé nécessaire ; au contraire la proposition au passé est contingente tout comme sa <correspondante> au présent. Et telles sont toutes les propositions sur cette matière, comme on le voit à partir de la quatrième supposition, car elles sont toutes de manière équivalente à propos du futur, bien qu'elles soient verbalement au présent ou au passé [2].

2. Adams suggère que l'expression « être de manière équivalente à propos du futur » (*aequivalenter de futuro*) est plus large que « être équivalente à une proposition au futur » qu'Ockham utilise quand il ne parle que des propositions portant sur le présent contingent. La difficulté des propositions portant sur le passé est qu'une fois passé le temps futur sur lequel elles portent, la proposition au passé est une proposition réellement sur le passé. Pour que la symétrie entre propositions au présent et propositions au passé équivalentes à des propositions sur le futur soit parfaite, il faudrait que l'on précisât : avant le temps sur lequel

Et ideo ita contingens est illa «Petrus fuit praedestinatus» sicut ista «Petrus est praedestinatus».

Et quando quaeris utrum Petrus possit damnari, dico quod sic, et potest poni in esse. Sed tunc erunt istae duae falsae «Petrus est reprobatus» et «Petrus fuit praedestinatus»[a], quia posito uno contradictoriorum, quod scilicet sit verum, reliquum erit falsum; sed istae duae «Petrus fuit praedestinatus» et «Petrus fuit reprobatus» includunt contradictoria, scilicet quod Deus dabit vitam aeternam et non dabit eam alicui[b]. Et ideo si una est vera, reliqua erit falsa, et e converso.

Tertio sic: si praedestinatus potest damnari, hoc non est nisi per actum voluntatis creatae, et per consequens propter talem actum posset actus voluntatis divinae impediri[1].

Antecedens concedo, sed nego consequentiam, nam actus voluntatis divinae non impeditur per actum voluntatis creatae nisi stante ordinatione divina eveniret oppositum per aliam voluntatem, ita quod istae propositiones simul essent verae: «Deus praedestinavit Petrum» et «Petrus est damnatus per actum voluntatis propriae». Sed istae non possunt simul stare, quia si haec est vera «Petrus est damnatus propter malum actum voluntatis suae», haec numquam fuit vera «Petrus est praedestinatus», et similiter si haec

---

a. Ockham dit textuellement : «*ces deux propositions* seront fausses "Pierre est réprouvé" et "Pierre a été prédestiné"», mais cela n'offre pas de sens, et je préfère traduire comme M. Adams (qui ne relève pas l'écart avec le latin) et restituer ce qui paraît le sens obvie du passage : c'est la conjonction qui est fausse, et il suffit que l'une des deux propositions le soit.

b. Ockham dit que les deux premières propositions *incluent*, c'est-à-dire *impliquent*, les deux suivantes, proposition plus faible que celle qui pose leur équivalence (et qu'Ockham admet aussi d'après ce qui précède).

C'est pourquoi cette proposition est contingente « Pierre a été prédestiné », tout comme « Pierre est prédestiné ».

Et quand on demande si Pierre peut être damné, je réponds que oui, et qu'on peut supposer qu'il en est ainsi. Mais alors cette conjonction sera fausse « Pierre est réprouvé et Pierre a été prédestiné », car si l'on suppose l'un des contradictoires, qui serait alors vrai, l'autre sera faux ; mais ces deux propositions « Pierre a été prédestiné » et « Pierre a été réprouvé » incluent des contradictoires, à savoir que Dieu donnera la vie éternelle à quelqu'un et qu'il ne la lui donnera pas. C'est pourquoi, si l'une est vraie, l'autre sera fausse, et inversement.

Troisièmement. Si celui qui est prédestiné peut être damné, ce n'est que par un acte de la volonté créée, et par conséquent, en raison d'un tel acte, l'acte de la volonté divine pourrait être empêché[1].

J'accorde l'antécédent, mais je refuse la conséquence, car l'acte de la volonté divine n'est pas empêché par un acte de la volonté créée, sauf si, l'ordre institué par Dieu étant en vigueur, quelque chose d'opposé survenait par une autre volonté, de sorte que ces deux propositions seraient vraies en même temps : « Dieu a prédestiné Pierre », et « Pierre est damné par un acte de sa volonté propre ». Mais ces deux propositions ne peuvent pas tenir en même temps car si celle-ci est vraie : « Pierre est damné en raison d'un mauvais acte de sa volonté », celle-ci n'a jamais été vraie : « Pierre est prédestiné », et de la même façon si celle-

---

elles portent (ici par exemple, les propositions portant sur la réprobation et la prédestination et formulées au passé ne sont équivalentes à des propositions au futur que tant que la rétribution divine n'a pas eu lieu).

1. Selon Adams cette objection reposerait sur une autre théorie que celle de l'inhérence réelle de la relation de prédestination, une théorie qui poserait que prédestination et réprobation sont des actes passés de la volonté divine, et que Duns Scot discute également (*Ordinatio* I, d. 40, q.u. n. 1, arg. 2).

est vera « Petrus est damnatus », haec numquam fuit vera « Petrus fuit praeordinatus ad vitam aeternam ».

Confirmatur ratio : Deus determinavit Petrum salvari – ponatur – quaero tunc utrum voluntas Petri sequatur necessario determinationem voluntatis divinae aut non. Si non, igitur voluntas divina impeditur ; si sic, habetur propositum.

Dico quod voluntas creata non necessario sequitur ordinationem divinam vel determinationem sed libere et contingenter. Sed non sequitur ultra « ergo voluntas divina potest impediri », propter rationem prius dictam, quia scilicet veritas illius propositionis « Deus praedestinavit Petrum » non potest stare cum veritate istius « Petrus est damnatus » [1].

Quarto sic : haec propositio fuit vera ab aeterno « Deus praedestinavit Petrum », igitur non potest esse falsa ; igitur est necessaria.

Nego consequentiam, quia multae propositiones fuerunt verae ab aeterno quae modo sunt falsae, sicut ista fuit vera ab aeterno « mundus non est », et tamen modo est falsa. Ita dico :

---

1. Ockham dénonce l'inférence illicite de « il est possible que Pierre ne soit pas sauvé » et « Pierre est prédestiné » (◊~S&P) à « il est possible que Pierre soit prédestiné et ne soit pas sauvé » (◊[~S&P]), qui implique « la volonté de Dieu est empêchée ». On pourrait vouloir inférer la dernière en disant que si Pierre

ci est vraie : « Pierre est damné », celle-là n'a jamais été vraie :
« Pierre a été préordonné à la vie éternelle ».

L'objection reçoit cette confirmation : posons que Dieu a
déterminé que Pierre serait sauvé, je demande si la volonté
de Pierre doit suivre nécessairement la détermination de la
volonté divine ou non. Si non, alors la volonté divine est
empêchée ; si oui, je tiens l'objectif visé.

Je réponds que la volonté créée ne suit pas nécessairement
l'ordonnancement divin ou la détermination divine, mais
librement et de manière contingente. Mais il ne s'ensuit pas
ensuite « donc la volonté divine peut être empêchée », pour la
raison donnée plus haut, car la vérité de cette proposition
« Dieu a prédestiné Pierre » ne peut pas tenir en même temps
que la vérité de « Pierre est damné » [1].

Quatrièmement : cette proposition a été vraie de toute
éternité : « Dieu a prédestiné Pierre », donc elle ne peut pas être
fausse ; elle est donc nécessaire.

Je nie la conséquence, car beaucoup de propositions
ont été vraies de toute éternité qui sont maintenant fausses,
tout comme celle-ci a été vraie de toute éternité « le monde
n'est pas » et pourtant elle est maintenant fausse. Je dis donc :

n'était pas sauvé (ce qui est possible par hypothèse) il serait damné (~S) et
prédestiné (P). Mais Ockham dit qu'on ne peut pas alors maintenir l'hypothèse
de sa prédestination (P). Pour ce faire, il faudrait que celle-ci fût nécessaire.
Mais elle ne l'est pas. Il n'envisage pas ici la nécessité du passé (la prédestination de Pierre est nécessaire car elle est passée) : c'est le point de l'objection
suivante, et la réponse sera que la prédestination n'est pas vraiment passée si la
destinée finale de Pierre est encore future.

licet ista fuerit vera ab aeterno « Deus praedestinavit Petrum », tamen potest esse falsa et potest numquam fuisse vera[1].

Quinto sic : praedestinatio divina est necessaria, quia omne quod est Deus vel in Deo est necessarium; igitur necessario praedestinavit Petrum; igitur Petrus necessario praedestinatus est; non igitur contingenter[2].

Dico quod praedestinationem esse necessariam potest intelligi dupliciter : uno modo, quod illud quod principaliter significatur per hoc nomen « praedestinatio » sit necessarium; et sic concedo, quia illud est essentia divina quae necessaria est et immutabilis. Alio modo, quod aliquis a Deo praedestinatur; et sic non est necessaria, quia sicut quilibet contingenter praedestinatur ita Deus quemlibet contingenter praedestinat[3].

Et cum dicitur « praedestinatio divina est immutabilis, igitur necessaria omnino »[a], dico quod immutabile reale est necessarium. Sed loquendo de immutabili complexo,

---

a. Voir *Ordinatio* I, d. 40, q. 1, *infra*, p. 219.

1. Une proposition au présent vraie de toute éternité peut devenir fausse (si elle décrit un fait contingent), ce qui n'est pas le cas d'une proposition au passé (même si elle décrit un fait contingent), sauf si elle n'est qu'apparemment, verbalement, au passé, mais en fait équivalente à une proposition au futur. L'objection était proche d'un argument d'Aristote en faveur de l'éternité du monde (*Du ciel* I, 12, 281 b 20-25).

2. Adams note que cette objection se fonde sur la conception de la prédestination active (l'acte divin de prédestiner) comme relation réelle en Dieu, et que la réponse d'Ockham repose sur son rejet de toute relation réelle, la prédestination active comme la passive n'étant pas des relations réelles. Il me semble toutefois qu'il convient de distinguer le rejet des relations comme entités distinctes des substances et des qualités, qui n'est pas vraiment en jeu ici, et celui de la prédestination comme signifiant une réalité passée, fût-elle substance et/ou qualité. La réponse d'Ockham semble ne considérer que ce dernier aspect. Voir la première supposition, pour la prédestination et la réprobation actives, *infra*, p. 97.

bien que « Dieu a prédestiné Pierre » ait été vraie de toute éternité, elle peut pourtant être fausse et n'avoir jamais été vraie[1].

Cinquièmement : la prédestination divine est nécessaire, parce que tout ce qui est Dieu ou est en Dieu est nécessaire ; donc, c'est nécessairement qu'il a prédestiné Pierre ; c'est donc nécessairement que Pierre est prédestiné ; et ce n'est donc pas de manière contingente[2].

Je réponds que l'on peut comprendre de deux manières que la prédestination est nécessaire : d'une part, au sens où ce qui est signifié principalement par ce nom « prédestination » est nécessaire ; et alors je l'accorde, car c'est l'essence divine qui est nécessaire et immuable. D'autre part, au sens où quelqu'un est prédestiné par Dieu ; et alors elle n'est pas nécessaire, puisque, tout comme quiconque est prédestiné l'est de manière contingente, c'est aussi de manière contingente que Dieu prédestine qui que ce soit[3].

Et quand on dit « la prédestination divine est immuable, donc elle est absolument nécessaire », *je dis* que l'immuable réel est nécessaire. Mais si l'on parle d'un immuable complexe

---

3. Ockham entend que « prédestination » est un terme connotatif, qui signifie principalement Dieu qui prédestine, et secondairement celui qui est prédestiné. En disant que la prédestination est nécessaire on peut vouloir dire que Dieu est nécessaire (vrai) ou que celui qui est prédestiné l'est nécessairement (faux). Plutôt que de distinguer d'ailleurs deux choses signifiées, l'une principalement, l'autre secondairement, Ockham envisage qu'il y a une signification de chose (nominale) et une signification de fait (propositionnelle). Voir plus loin la *première supposition* : Ockham dit d'abord que « prédestination » signifie premièrement Dieu qui prédestine et secondairement celui qui est prédestiné, mais il dit ensuite que « réprobation » signifie premièrement Dieu qui réprouve, et secondairement *que* Dieu réprouvera quelqu'un. La nécessité peut alors porter sur la chose signifiée principalement ou sur la proposition signifiée secondairement.

– illo modo quo aliquod complexum potest mutari a veritate in falsitatem et e converso, et aliquod complexum non potest sic mutari –, sic non omne immutabile est necessarium, quia est aliqua propositio contingens quae non potest primo esse vera et postea falsa, et e converso, ita quod de tali verum sit dicere « haec propositio modo est vera sed prius fuit falsa », et e converso, et tamen non est necessaria sed contingens. Et causa est quia quantumcumque sit vera vel fuerit vera ex suppositione, tamen possibile est quod non sit vera et quod numquam fuerit vera absolute. Sicut haec est vera « Deus scit quod iste salvabitur », et tamen possibile est quod numquam sciverit quod iste salvabitur. Et ita ista propositio est immutabilis, et tamen non est necessaria sed contingens[a].

Contra : omnis propositio quae modo est vera et potest esse falsa potest mutari de veritate in falsitatem; sed haec propositio « Petrus est praedestinatus » modo est vera – ponatur – et potest esse falsa – constat; igitur etc.

Dico quod maior est falsa, quia plus requiritur, scilicet quod propositio quae erit falsa vel poterit esse falsa aliquando fuit vera. Et ideo licet ista propositio « Petrus est praedestinatus » sit modo vera et possit esse falsa, quia tamen quando erit falsa verum est dicere quod numquam fuit vera, ideo non est mutabilis a veritate in falsitatem.

Sexto sic : quando aliqua opposita sic se habent quod unum non potest succedere alteri, si illud ponatur, aliud non potest poni – patet de caecitate et visu[1]; sed « esse praedestinatum » et « damnari » sunt huiusmodi; igitur etc.

---

a. Réponse qui sera développée dans la q. 2, a. 3, première partie, *infra*, p. 190, et q. 5.

(propositionnel), dans le sens où certains complexes peuvent passer de la vérité à la fausseté et inversement, tandis que d'autres ne le peuvent pas, alors tout immuable n'est pas nécessaire, car il y a une proposition contingente qui ne peut pas être d'abord vraie et ensuite fausse, ou inversement, de sorte qu'il serait vrai de dire à son sujet « cette proposition est maintenant vraie, mais auparavant elle était fausse » ou inversement, et qui pourtant n'est pas nécessaire mais contingente. La cause en est que tout ce qui est vrai ou l'a été par hypothèse, il est pourtant possible que cela ne soit pas vrai et que ce n'ait jamais été vrai absolument. Ainsi cette proposition est vraie « Dieu sait que celui-ci sera sauvé », et pourtant il est possible qu'il n'ait jamais su que celui-ci serait sauvé. Ainsi cette proposition est immuable, et pourtant elle n'est pas nécessaire mais contingente.

Contre cela : toute proposition qui est maintenant vraie et peut être fausse peut passer de la vérité à la fausseté ; mais cette proposition « Pierre est prédestiné » est maintenant vraie – on le pose – et peut être fausse – c'est établi ; donc, etc.

Je dis que la majeure est fausse, car elle requiert davantage <que ce dont nous avons besoin>, à savoir que la proposition qui sera fausse ou qui pourra être fausse ait été vraie à un moment antérieur. C'est pourquoi cette proposition, « Pierre est prédestiné », si elle est maintenant vraie tout en pouvant être fausse, ne peut pas passer de la vérité à la fausseté, de même que, si elle était fausse, il serait vrai de dire qu'elle n'a jamais été vraie.

Sixièmement : quand des opposés sont tels que l'un ne peut succéder à l'autre, si l'un est posé, l'autre ne peut pas être posé – c'est évident de la cécité et de la vision [1] ; mais « être prédestiné » et « être damné » sont de ce type ; donc, etc.

---

1. Comprendre que la vision ne peut succéder à la cécité (incurable).

Dico quod de talibus oppositis quae respiciunt futura contingentia non est verum, cuiusmodi sunt ista « praedestinari » et « reprobari ». Et ideo quamvis non possint sibi succedere, non tamen sequitur « si unum inest, reliquum non potest inesse »[1].

Contra : de quocumque verum est dicere hodie quod est praedestinatus et tamen quod potest esse cras reprobatus, de eodem possunt ista successive verificari « praedestinatus » et « reprobatus » ; igitur etc.

Nego, nisi posset vere dici quando est reprobatus quod aliquando fuit praedestinatus ; et ideo quia hoc non potest dici in proposito, ideo non verificantur successive de eodem nec possunt.

Septimo sic : illum quem Deus ab aeterno praedestinavit non potest non praedestinare, quia aliter posset mutari. Igitur si Deus ab aeterno praedestinavit Petrum, ab aeterno non potest eum non praedestinare, et per consequens necessario salvabitur.

Dico quod prima propositio est falsa, quia omnes istae sunt contingentes « Deus praedestinavit Petrum ab aeterno », « Petrus fuit praedestinatus ab aeterno », quia possunt esse verae et possunt esse falsae, non tamen successive ita quod sint verae postquam fuerunt falsae, vel e converso. Unde quantum-

---

1. Une proposition vraie peut être telle que sa négation ne puisse pas être vraie *ensuite*, mais elle peut être telle que sa négation puisse être vraie – auquel cas, la proposition en question ne serait pas vraie (on peut avoir : « p est vrai à t et il n'est pas possible que p soit vrai à t et ne soit pas vrai après t », et : « p est vrai à t et il est possible que p ne soit pas vrai » ; c'est le cas si « p a la forme "x est F à t" (postérieur à t) »). Cela ne vaut que pour les futurs contingents, qu'ils soient exprimés par des propositions verbalement au futur ou au passé, mais équiva-

Je dis que ce n'est pas vrai des opposés qui se rapportent aux futurs contingents, comme c'est le cas de « être prédestiné » et « être réprouvé ». C'est pourquoi, bien qu'ils ne puissent se succéder l'un à l'autre, il ne s'ensuit pourtant pas que, si l'un est, l'autre ne peut pas être [1].

Contre cela : de quiconque il est vrai de dire aujourd'hui qu'il est prédestiné, et qu'il peut pourtant être réprouvé demain, les deux <prédicats> « prédestiné » et « réprouvé » peuvent être vérifiés successivement, donc, etc.

Je le nie, à moins qu'il puisse être vrai de dire, quand il est réprouvé, qu'il a été prédestiné auparavant ; et puisque cela ne peut pas être dit dans le cas envisagé, ces <prédicats> ne se vérifient pas successivement du même individu et ne le peuvent pas.

Septièmement, celui que Dieu a prédestiné de toute éternité, Dieu ne peut pas ne pas le prédestiner, car autrement il pourrait connaître un changement. Donc, si Dieu a prédestiné Pierre de toute éternité, il ne peut pas ne pas le prédestiner de toute éternité, et par conséquent Pierre sera nécessairement sauvé.

Je dis que la première proposition est fausse, car toutes ces propositions sont contingentes : « Dieu a prédestiné Pierre de toute éternité », « Pierre a été prédestiné de toute éternité », qui peuvent être vraies et peuvent être fausses, mais pas successivement de sorte qu'elles seraient d'abord vraies et ensuite fausses, ou l'inverse. C'est pourquoi, pour autant que ces

lentes à des propositions au futur. La possibilité d'une situation alternative n'implique pas la possibilité de la succession des deux situations alternatives. Ockham rejette le parallèle de la prédestination qui est équivalente à un futur contingent, non soumis à la nécessité accidentelle, et la cécité qui, une fois survenue, est un fait passé, et donc nécessaire (outre le fait que la vision ne puisse lui succéder si elle est incurable).

cumque istae modo sint verae ante beatitudinem datam Petro
«Deus praedestinavit Petrum ab aeterno», et huiusmodi,
possunt tamen esse falsae. Et si de facto damnaretur, tunc de
facto est falsa vel sunt falsae. Unde ita contingentes sunt cum
hac dictione «ab aeterno» sicut sine illa; nec est alia difficultas
in istis quam in illis quae sunt vocaliter de praesenti.

Octavo sic: quaero de revelatis a Prophetis, utrum
necessario eveniant ut revelata sunt, aut non[1]. Si sic, cum talia
sint futura, sequitur quod eorum oppositum non possit evenire.
Si non, contra: haec fuit aliquando vera «hoc est revelatum»,
demonstrato aliquo tali, igitur semper postea fuit necessaria; et
non fuit revelatum tamquam falsum, quia Prophetae non
dixerunt falsum, igitur fuit revelatum tamquam verum; igitur
necesse est tale revelatum evenire, quia aliter prophetiae
posset subesse falsum.

Dico quod nullum revelatum contingens futurum evenit
necessario sed contingenter. Et concedo quod fuit aliquando
vera «hoc est revelatum», et sua de praeterito fuit postea
semper necessaria. Et concedo quod non fuit revelatum tamquam falsum, sed tamquam verum contingens et non tamquam
verum necessarium, et per consequens tale potuit et potest esse
falsum. Et tamen Prophetae non dixerunt falsum, quia omnes
prophetiae de quibuscumque futuris contingentibus fuerunt
condicionales, quamvis non semper exprimebatur condicio.

---

1. Le problème de la prophétie ou problème du prophète, que discutent
également les philosophes contemporains, tient à ce que l'énonciation de la
prophétie (version contemporaine) ou que la révélation faite au prophète
(version Ockham) est un fait passé, et n'est pas équivalente à un fait futur. Si la
prophétie est infaillible, elle ne peut pas être fausse, et il semble donc qu'une
fois faite, il ne soit plus possible de la rendre fausse. Ockham donne ici l'une de

propositions (« Dieu a prédestiné Pierre de toute éternité », et les autres de ce type) sont vraies avant la béatitude donnée à Pierre, elles peuvent cependant être fausses. Et s'il était en fait damné, alors elle est ou elles sont en fait fausses. De sorte qu'elles sont contingentes aussi bien avec la locution « de toute éternité » que sans elle ; et il n'y a pas plus de difficultés avec ces propositions qu'avec celles qui sont verbalement au présent.

Huitièmement : je demande, à propos de ce qui a été révélé par les Prophètes, s'il en sera nécessairement comme il leur a été révélé ou non [1]. Si oui, puisque ce sont des faits futurs, il s'ensuit que leurs opposés ne peuvent se produire. Si non, contre cela : cette proposition a été vraie « ceci est révélé » en montrant quelque chose de tel (révélé), donc elle a toujours ensuite été nécessaire ; et cela ne lui a pas été révélé comme faux, car les Prophètes n'ont pas dit le faux, donc cela lui a été révélé comme vrai ; donc il est nécessaire qu'un tel fait révélé se produise, sans quoi une prophétie pourrait être fausse.

Je dis qu'aucun fait futur contingent révélé ne se produit nécessairement mais il se produit de manière contingente. Et j'accorde que la proposition « ceci est révélé » a été vraie, et que sa correspondante au passé a été par la suite nécessaire. Et j'accorde que cela n'a pas été révélé comme faux, mais l'a été comme une vérité contingente et non comme une vérité nécessaire, et par conséquent une telle proposition a pu et peut être fausse. Pourtant les Prophètes n'ont pas dit le faux, car toutes les prophéties portant sur des futurs contingents ont été conditionnelles, même si la condition n'était pas toujours exprimée.

---

ses deux réponses : les prophéties sont conditionnelles : telle chose arrivera, si …. Voir *Quodlibeta* IV, q. 4, ainsi que A. Edidin et C. Normore, « Ockham on Prophecy », et E. Wierenga, « Prophecy, Freedom, and the Necessity of the Past ».

Sed aliquando fuit expressa, sicut patet de David et throno suo;
aliquando subintellecta, sicut patet de Ninive destructione
a Iona prophetata: *Adhuc post quadraginta dies et Ninive
subvertetur*, nisi scilicet poeniterent; et quia poenituerunt, ideo
non fuit destructa.

[Suppositiones pro istis dubiis solvendis]

Pro istis dubiis solvendis primo suppono aliqua, quibus
visis patebit solutio argumentorum.

Prima suppositio[a] est quod praedestinatio activa non est
aliqua res distincta quocumque modo a Deo vel divinis
personis, nec reprobatio activa, nec praedestinatio passiva est
aliquod absolutum vel respectivum distinctum aliquo modo a
praedestinato. Sed hoc nomen «praedestinatio» vel conceptus, sive accipiatur active sive passive, et significat ipsum
Deum qui daturus est vitam aeternam alicui et illum cui datur,
ita quod tria significat, scilicet Deum, vitam aeternam, et illum
cui datur. Et similiter «reprobatio» significat Deum daturum
alicui poenam aeternam.

Secunda suppositio[b]: quod omnes propositiones in ista
materia sunt contingentes, sive sint praesentis temporis sicut
istae «Deus praedestinat Petrum», «Petrus praedestinatur»,
sive praeteriti, sive futuri. Quia si aliqua esset necessaria, ista
esset de praeterito; sed illa non est de necessario nec necessaria, puta illa «Petrus fuit praedestinatus». Quia quaero
utrum Petrus possit damnari, vel non. Si non, ergo necessario
salvabitur, et tunc non oportet consiliari nec negotiari, quod est
absurdum. Si potest damnari – ponatur in esse – tunc haec est
vera «Petrus est damnatus»; igitur post hoc instans haec
semper erit vera «Petrus fuit damnatus». Et per te haec est

a. Cf. *Ordinatio* I, d. 41, q. 1, *infra*, p. 237.
b. Cf. *SL* III-3, 32, et *Ordinatio* I, d. 38, q.u., *infra*.

Mais parfois elle a été exprimée, comme c'est clair à propos de David et de son trône (Ps 131, 11-12); parfois elle a été sous-entendue, comme on le voit au sujet de la destruction de Ninive, prophétisée par Jonas : *Encore quarante jours et Ninive sera détruite*, sous-entendu : s'ils ne font pas pénitence; et comme ils firent pénitence, elle n'a pas été détruite.

[Suppositions pour résoudre ces doutes]

Pour résoudre ces doutes, je fais d'abord certaines suppositions qui rendront claire la solution des arguments.

La première supposition est que la prédestination active n'est pas une chose distincte de Dieu ou des personnes divines, en aucune façon, pas plus que la réprobation active, et la pré-destination passive n'est pas non plus quelque chose d'absolu ou de relatif distinct du prédestiné. Mais le nom « prédesti-nation » ou le concept, entendu au sens passif ou actif, signifie Dieu lui-même qui donnera la vie éternelle à quelqu'un et celui à qui il la donnera. De la même façon, « réprobation » signifie que Dieu donnera à quelqu'un une peine éternelle.

Deuxième supposition : toutes les propositions en cette matière sont contingentes, qu'elles soient (exprimées) au présent comme « Dieu prédestine Pierre », « Pierre est prédes-tiné », au passé, ou au futur. Car si l'une était nécessaire, celle au passé serait nécessaire; mais « Pierre a été prédestiné », par exemple, ne porte pas sur quelque chose de nécessaire et n'est pas nécessaire. Je demande en effet si Pierre peut être damné ou non. Si non, alors il sera nécessairement sauvé, et alors il ne faut pas délibérer ni agir (*negotiari*), ce qui est absurde [*cf.* Aristote, *De interpretatione* 9, 18b31-33]. S'il peut être damné – posons que ce soit le cas – alors cette proposition est vraie : « Pierre est damné »; donc après cet instant celle-ci sera toujours vraie : « Pierre a été damné ». Et selon toi celle-ci est

necessaria « Petrus fuit praedestinatus » ; ergo illae erunt simul verae : « Petrus fuit praedestinatus » et « Petrus fuit repro-batus ». Et ex istis sequuntur contradictoria, sicut patet. Et illam conclusionem dicit Scotus [1].

Tertia suppositio[a] : quod aliquae sunt propositiones de praesenti secundum vocem et secundum rem, et in talibus est universaliter verum quod omnis propositio de praesenti vera habet aliquam de praeterito necessariam, sicut tales : « Sortes sedet », « Sortes ambulat », « Sortes est iustus », et huiusmodi. Aliquae sunt propositiones de praesenti tantum secundum vocem et sunt aequivalenter de futuro, quia earum veritas dependet ex veritate propositionum de futuro ; et in talibus non est ista regula vera quod omnis propositio vera de praesenti habet aliquam de praeterito necessariam [2]. Et hoc non est mirabile, quia sunt propositiones verae de praeterito et de futuro quae nullain habent veram de praesenti, sicut istae « album fuit nigrum », « album erit nigrum », quae sunt verae, et sua de praesenti est falsa, scilicet ista « album est nigrum » [3].

---

a. Cf. *SL* III-3, 32, *infra*, p. 181.

1. Bien que, pour Scot, le passé jouisse de la nécessité accidentelle, contrai-rement au présent, il admet comme Ockham que les propositions exprimées au passé à propos de la prédestination ne sont pas nécessaires. Mais ce n'est pas parce qu'elles seraient équivalentes à des propositions *au futur*, mais plutôt parce qu'elles renvoient à l'acte de volonté divin, qui est éternel et non temporel. Ces propositions au passé sont donc plutôt équivalentes à des propositions *au présent*. Et le présent n'est pas nécessaire du seul fait d'être présent (le choix libre présent est contingent), ce qu'Ockham n'accepte pas. Cf. *Rep. Par.* I, d. 40, q.u., n. 12 ; et *Ordinatio* I, d. 39, q. 1-5 (ed. Vat., p. 408-411) : les deux textes sont une critique de la position de Thomas d'Aquin (*Somme de théologie* I, q. 14, a. 13), mais seul le premier fait la considération sur la proposition au passé.

2. Si la proposition verbalement au présent est équivalente à une propo-sition au futur, et si celle-ci est contingente, alors la proposition correspondante au passé ne sera pas nécessaire puisqu'elle sera également équivalente à la proposition au futur (tant que le temps sur lequel elle porte n'est pas passé).

nécessaire « Pierre a été prédestiné » ; par conséquent ces deux propositions seront vraies en même temps : « Pierre a été prédestiné » et « Pierre a été réprouvé ». Et il s'ensuit évidemment des propositions contradictoires. Telle est aussi la conclusion de Scot[1].

Troisième supposition : certaines propositions sont au présent selon les mots et selon la chose, et pour de telles propositions il est universellement vrai qu'une proposition au présent vraie a une proposition (correspondante) au passé nécessaire, comme c'est le cas de ces propositions : « Socrate est assis », « Socrate marche », « Socrate est juste », etc. Certaines propositions sont au présent seulement selon les mots, et sont équivalentes à une proposition au futur ; et pour de telles propositions ce n'est pas une règle vraie que toute proposition au présent vraie a une proposition (correspondante) au passé nécessaire[2]. Cela n'est pas étonnant, car il y a des propositions vraies à propos du passé et du futur qui n'ont aucune (correspondante) à propos du présent, comme celles-ci : « le blanc a été noir », « le blanc sera noir », qui sont vraies, alors que leur correspondante au présent est fausse, comme « le blanc est noir »[3].

---

3. L'analyse des propositions temporelles (développée par Ockham en *SL* II 7) demande que le prédicat soit vérifié à un moment (passé ou futur selon le temps du verbe) de ce pour quoi suppose le sujet, lequel suppose pour (= fait référence à) ce dont il est vérifié à un moment (passé ou futur selon le temps du verbe), et cela sans qu'il soit nécessaire que la proposition au présent formée des deux expressions sujet et prédicat soit jamais vraie. Ainsi « le blanc a été noir » dit que telle chose pour laquelle suppose « le blanc », parce qu'elle a été ou est blanche, a été (dans le passé) noire, sans supposer que la proposition « le blanc est noir » ait jamais été vraie. Comme le fait remarquer Adams, ce point n'est toutefois d'aucune utilité pour ce qu'Ockham veut ici souligner : que la proposition « Pierre est prédestiné » doit être traité comme une proposition portant sur le futur, et dont les conditions de vérité doivent être données selon les règles qui s'appliquent à toute proposition sur le futur (à savoir par un état de choses futur).

Quarta suppositio[a] : quod omnes propositiones in ista materia, quantumcumque sint vocaliter de praesenti vel de praeterito, sunt tamen aequivalenter de futuro, quia earum veritas dependet ex veritate propositionum formaliter de futuro[b]. Sed ex tertia suppositione patet quod tales verae de praesenti non habent aliquam de praeterito necessariam, sed solum contingentem, sicut illa de praesenti est contingens. Ex quibus sequitur quod nulla propositio de praesenti in ista materia habet aliquam de praeterito necessariam.

Quinta suppositio[c] : quod secundum intentionem Philosophi non solum in futuris contingentibus, immo etiam in illis de praesenti et de praeterito quae aequivalent illis de futuro, Deus non plus scit unam partem contradictionis quam aliam, immo neutra secundum eum est scita a Deo, quia secundum eum, *I Posteriorum*, nihil scitur nisi verum [1]. Sed in illis non est veritas determinata, quia secundum eum nulla ratio potest assignari quare magis una pars sit vera quam alia, et ita vel utraque pars erit vera vel neutra ; sed non est possibile quod utraque pars sit vera, ergo neutra, et igitur neutra scitur.

Sexta suppositio[d] : quod indubitanter est tenendum quod Deus certitudinaliter scit omnia futura contingentia, ita quod certitudinaliter scit quae pars contradictionis erit[e] vera et quae falsa, ita tamen quod omnes tales proposi-

a. *Cf.* III-3, 32, *infra*, p. 179.

b. C'est-à-dire de propositions *verbalement* au futur et *réellement* sur le futur.

c. Cf. *Exp. In libr. Periherm.* I, c. 6 ; *SL* III-3, 32.

d. Cf. *Ordinatio* I, d. 38, q. u., *infra*, p. 205.

e. Je choisis avec Adams de lire « est » et non « erit », pour des raisons de sens, car aucun ms ne donne cette leçon.

Quatrième supposition : toutes les propositions en cette matière, qu'elles soient verbalement au présent ou au passé, sont équivalentes à des propositions au futur, car leur vérité dépend de la vérité de propositions formellement au futur. Mais par la troisième supposition, il est évident que de telles propositions vraies au présent n'ont pas de proposition correspondante au passé nécessaire, mais seulement une proposition contingente, tout comme la proposition au présent est contingente. Il suit de là qu'aucune proposition au présent en cette matière n'a de proposition correspondante au passé nécessaire.

Cinquième supposition : selon l'intention du Philosophe, non seulement à l'égard des propositions portant sur les futurs contingents, mais aussi à l'égard des propositions au présent ou au passé équivalentes à de telles propositions au futur, Dieu ne sait pas plus une partie de la contradiction <entre deux propositions> que l'autre. Au contraire, aucune des deux, selon lui, n'est sue de Dieu, car, comme il le dit au livre I des *Seconds Analytiques* [71b19-26], rien n'est su que ce qui est vrai [1]. Mais dans de telles propositions il n'y a pas de vérité déterminée, car selon lui on ne peut donner aucune raison pour laquelle une partie serait plus vraie que l'autre, et ainsi chaque partie sera vraie ou aucune ; mais il n'est pas possible que chacune soit vraie, donc aucune ne l'est, et donc Dieu n'en sait aucune.

Sixième supposition : il faut soutenir sans doute que Dieu sait avec certitude tous les futurs contingents, qu'il sait donc avec certitude quelle partie de la contradiction est vraie et quelle partie est fausse, de telle sorte, pourtant, que toutes ces

---

1. Voir introduction, *supra*, p. 48. Aristote ne parle pas de la prescience divine, mais Ockham tient pour acquis que sa conception a pour conséquence que la prescience du contingent est impossible.

tiones « Deus scit hanc partem contradictionis esse veram »
vel « illam » sunt contingentes et non necessariae, sicut prius
dictum est[a]. Sed difficile est videre quomodo haec scit, cum
una pars non plus determinetur ad veritatem quam alia.

Et dicit Doctor Subtilis quod intellectus divinus, prout
quodammodo praecedit determinationem voluntatis divinae,
apprehendit illa complexa ut neutra, et voluntas determinat
alteram partem esse veram pro aliquo instanti, volens alteram
partem esse veram pro eodem instanti[1]. Posita autem determinatione voluntatis, intellectus divinus videt determinationem
voluntatis suae quae est immutabilis : videt evidenter alteram
partem esse veram, illam scilicet quam voluntas sua vult esse
veram certitudinaliter.

Sed contra istam opinionem : quia non videtur salvare
certitudinem scientiae Dei respectu futurorum quae simpliciter
dependent a voluntate creata[b]; quia quaero, utrum illam
determinationem voluntatis divinae necessario sequatur determinatio voluntatis creatae aut non. Si sic, igitur voluntas necessario ageret sicut ignis, et ita tollitur meritum et demeritum. Si
non, igitur ad sciendum determinate alteram partem contradictionis illorum requiritur determinatio voluntatis creatae,
quia determinatio voluntatis increatae non sufficit, cum
voluntas creata possit in oppositum illius determinationis.
Igitur cum illa determinatio voluntatis non fuit ab aeterno, non
habuit Deus certam notitiam illorum[2].

a. *Quinto - Cinquièmement.*
b. Voir plus haut l'objection 3 (*Troisièmement*).

1. *Cf.* Scot : *Ordinatio* I, d. 39, q. u. ; *Rep. Par.* I, d. 38, q. 2. Et voir Ockham
Ordinatio I, d. 38, q. 1, *infra*, p. 187. La doctrine scotiste de la priorité *selon la
nature* de l'intellect par rapport à la volonté est exposée dans l'*Ordinatio* I,
d. 17, q. 4 et, et appliquée à Dieu d. 2, q. 1, art. 2. C'est un des nombreux cas
où Scot introduit les instants de nature (distincts des instants de temps, puisque

propositions « Dieu sait que cette partie de la contradiction est vraie » (ou « celle-là ») sont contingentes et non nécessaires, comme on l'a dit plus haut. Mais il est difficile de voir comment il sait cela, puisqu'aucune partie n'est plus déterminée à la vérité qu'une autre.

Le Docteur Subtil dit que l'intellect divin, dans la mesure où il précède d'une certaine façon la détermination de la volonté divine, appréhende ces complexes comme neutres, et que sa volonté détermine qu'une partie est vraie à cet instant, en voulant que l'autre partie soit fausse au même instant[1]. Une fois posée la détermination de la volonté, l'intellect divin voit la détermination de sa volonté qui est immuable : il voit avec évidence qu'une partie est vraie, celle que sa volonté veut avec certitude.

Mais *j'argumente contre* cette opinion : elle ne semble pas sauver la certitude de la science divine à l'égard des futurs qui dépendent simplement de la volonté créée ; car je demande si cette détermination de la volonté divine est nécessairement suivie de la détermination de la volonté créée ou non. Si oui, alors la volonté agirait nécessairement comme le feu, et le mérite et le démérite sont anéantis. Si non, alors, pour connaître de manière déterminée l'une des deux propositions de la contradiction, la détermination de la volonté créée est requise, car la détermination de la volonté incréée ne suffit pas, puisque la volonté créée peut aller à l'opposé de cette détermination. Donc, puisque cette détermination de la volonté n'existe pas de toute éternité, Dieu n'en a pas eu la connaissance[2].

---

plusieurs instants de nature peuvent coexister dans un même temps) pour expliquer cette priorité.

2. Ockham argumente à partir de la contingence de l'acte libre, pour conclure que Scot ne donne pas les moyens d'assurer la certitude de la connais-

Secundo sic : quando aliquid determinatur contingenter, ita quod adhuc possibile est non determinari, et possibile est quod numquam fuisset determinatum, propter talem determinationem non potest haberi certa et infallibilis notitia; sed huiusmodi est determinatio voluntatis divinae respectu futurorum contingentium secundum eum et secundum veritatem; igitur propter talem determinationem non potest haberi certa notitia a Deo de futuris contingentibus.

Confirmatur : omnes tales sunt contingentes « Deus ab aeterno voluit hanc partem esse veram », « Deus ab aeterno determinavit hoc » et huiusmodi – patet ex secunda suppositione – et possunt per consequens esse verae et falsae; igitur propter talem determinationem nulla habebitur certa notitia.

Ideo dico quod impossibile est clare exprimere modum quo Deus scit futura contingentia[a]. Tamen tenendum est quod scit contingenter tantum. Et debet istud teneri propter dicta Sanctorum qui dicunt quod Deus non aliter cognoscit fienda quam facta[1]. Potest tamen talis modus assignari, nam sicut ex eadem notitia intuitiva aliquorum incomplexorum potest intellectus evidenter cognoscere propositiones contingentes contradictorias, puta quod *a* est, *a* non est[b], eodem modo potest concedi quod essentia divina est notitia intuitiva quae est tam perfecta,

---

a. Voir *Ordinatio* I, d. 38, q. u., *infra*, p. 207.

b. La phrase n'est pas compréhensible. Je propose, avec Adams (ed. cit., p. 50, note 55) de comprendre que, conformément à son analyse de la connaissance intuitive, Ockham veut dire ici qu'une seule intuition donne lieu, tantôt, à un jugement d'existence, tantôt, à un jugement de non existence, tous les deux évidents et vrais, et que l'intellect qui a cette intuition sait donc quelle partie de la contradiction est vraie. Voir, pour la doctrine d'Ockham sur la connaissance intuitive, les textes réunis et traduits par D. Piché : Guillaume d'Ockham, *Intuition et abstraction*.

Deuxièmement, quand quelque chose est déterminé de manière contingente, de sorte qu'il est possible que ce ne soit pas déterminé, et qu'il est aussi possible que cela n'ait jamais été déterminé, on ne peut avoir en raison d'une telle détermination de connaissance certaine et infaillible ; mais la détermination de la volonté divine à l'égard des futurs contingents est de ce genre, selon lui, et selon la vérité ; par conséquent Dieu ne peut pas avoir une connaissance certaine des futurs contingents en raison d'une telle détermination.

Confirmation : toutes ces propositions sont contingentes, « Dieu a voulu de toute éternité que cette partie <de la contradiction> fût vraie », « Dieu a déterminé cela de toute éternité », et d'autres de ce genre – c'est évident par la seconde supposition – et elles peuvent par conséquent être vraies ou fausses ; aucune connaissance certaine ne sera donc acquise en raison d'une telle détermination.

Je dis donc qu'il est impossible d'exprimer clairement la manière dont Dieu connaît les futurs contingents. Il faut pourtant soutenir qu'il les connaît de manière contingente seulement. Et cela doit être soutenu à cause des propos des Saints qui disent que Dieu ne connaît pas ce qui se fera autrement que ce qui est fait [1]. On peut cependant lui attribuer un tel mode de connaissance, car de même que par la même intuition de certains incomplexes l'intellect peut connaître avec évidence des propositions contingentes contradictoires, par exemple que *a* est, que *a* n'est pas, de la même façon on peut accorder que l'essence divine est une intuition si parfaite,

sance divine. Dans l'introduction nous avions envisagé le problème inverse : en faisant reposer sur le choix divin la contingence des choses, il semblait que Scot ne permettait pas de sauver la liberté humaine (créée).

1. Comprendre, non pas que Dieu connaît le passé et le futur avec la même modalité (nécessairement), mais de manière tout aussi déterminée.

tam clara quod ipsa est notitia evidens omnium praeteritorum et futurorum, ita quod ipsa scit quae pars contradictionis erit vera et quae pars falsa[1].

Si dicatur quod illud quod non est in se verum non potest sciri ab aliquo; sed me sedere cras est huiusmodi; dico quod est vera, ita quod non falsa, tamen est contingenter vera, quia potest esse falsa.

Contra: utraque pars istius « ego sedebo cras – ego non sedebo cras » indifferenter potest esse vera; igitur non plus est una pars vera quam alia[2]. Et sic neutra est nunc vera vel utraque; non utraque, igitur neutra.

Dico quod una pars nunc determinate est vera, ita quod non falsa, quia Deus vult unam partem esse veram et aliam esse falsam[3]. Tamen contingenter vult, et ideo potest non velle illam partem, et partem aliam potest velle, sicut pars alia potest evenire.

Septima suppositio[a] est quod « scire » in ista materia accipitur large, scilicet pro cognitione cuiuscumque, et sic Deus cognoscit omnia tam incomplexa quam complexa, necessaria, contingentia, falsa et impossibilia; vel stricte, et sic

a. Voir *Ordinatio* I, d. 39, a. 1, consacré à cette question.

1. Ockham veut donc dire que la connaissance divine peut être pensée comme une connaissance intuitive, que les choses connues soient passées et futures aussi bien que présentes (seul cas où nous pouvons avoir une connaissance intuitive). Il veut peut-être dire plus que cela, en particulier que ce serait

si claire, qu'elle est une connaissance évidente de tous les passés et de tous les futurs, de sorte qu'elle sait quelle partie d'une contradiction sera vraie et quelle partie sera fausse [1].

Si on dit que ce qui n'est pas vrai en soi ne peut pas être su par quiconque, ou il en va ainsi de <la proposition que> je serai assis demain ; *je réponds* qu'elle est vraie, de sorte qu'elle n'est pas fausse, mais qu'elle est vraie de manière contingente, car elle peut être fausse.

Contre cela : chaque partie de cette <opposition> « je serai assis demain – je ne serai pas assis demain » peut indifféremment être vraie ; donc une partie n'est pas plus vraie que l'autre [2]. Ainsi ou bien aucune n'est vraie, ou bien les deux le sont ; mais les deux ne le sont pas, donc aucune ne l'est.

Je réponds qu'une partie est vraie de manière déterminée maintenant, de sorte qu'elle n'est pas fausse, car Dieu veut qu'une partie soit vraie et l'autre fausse [3]. Cependant il le veut de manière contingente, et il peut donc ne pas vouloir cette partie, et vouloir l'autre partie, de même que l'autre partie peut être le cas.

Septième supposition : « savoir » en ces matières est pris au sens large, c'est-à-dire pour la connaissance de n'importe quelle chose, et ainsi Dieu sait tout, aussi bien les incomplexes que les complexes, qu'ils soient nécessaires, contingents, faux ou impossibles ; ou bien on le prend au sens strict, et cela veut

---

par un seul et même acte d'intuition qu'il percevrait toutes ces réalités (*pace* Adams, *ibid.*, n. 55, p. 51).

2. C'est évidemment la position d'Aristote, telle qu'Ockham la comprend, voir *cinquième supposition*. Il faut comprendre l'adverbe « indifféremment » de manière distributive : il est également possible que l'une ou l'autre soit vraie.

3. Ici Ockham semble faire reposer sur la volonté divine la contingence de l'action humaine, comme Scot.

idem est quod cognoscere verum, sicut loquitur Philosophus, *I Posteriorum*, quod nihil scitur nisi verum.

Octava suppositio [1] est quod aliquae propositiones in ista materia sunt distinguendae secundum compositionem et divisionem, ut istae in quibus ponitur modus cum dicto, – ita quod in sensu compositionis denotatur quod modus ille praedicatur de praeiacente illius dicti vel de propositione illius dicti, sed in sensu divisionis denotatur quod praedicatum talis dicti vel propositionis talis dicti praedicatur de illo pro quo supponit subiectum eiusdem cum tali modo, sicut patet in *Logica* [2]. Ex quo patet quod ista, et sibi similes, « praedes-

---

1. Cf. *Ordinatio* I, d. 40, q. 1, *infra*, p. 219; *Exp. In libr. Periherm.* II, c. 5, § 4 (OPh II, p. 459-468); et *SL* II, 9 (OPh I, p. 273). La doctrine d'Ockham est que les propositions modales en vertu de la copule (verbe modal ou modalisé par un adverbe : « peut », « nécessairement ») sont univoques, tandis que les modales construites avec un *dictum*, c'est-à-dire en attribuant (prédiquant) la modalité à une proposition infinitive (« il est possible que », « il est nécessaire que »), sont susceptibles de deux lectures : celle de la division (ou du sens divisé) et celle de la composition (sens composé). « Au sens de la composition, il est toujours dénoté que le mode se vérifie de la proposition correspondant à ce *dictum*; ainsi, par "il est nécessaire que tout homme soit un animal" (*omnem ominem esse animal est necessarium*), il est dénoté que le mode "nécessaire" se vérifie de la proposition "tout homme est un animal" (*omnis homo est animal*), dont le *dictum* est ce qui est dit "que tout homme soit un animal" (*omnem hominem esse animal*); en effet, l'on parle de *dictum propositionis* quand les termes de la proposition sont pris à l'accusatif et le verbe au mode infinitif. Mais le sens divisé d'une telle proposition équivaut toujours à une proposition comprise avec ce mode sans le *dictum*; ainsi "il est nécessaire que tout homme soit animal", au sens de la division, équivaut à "tout homme, par nécessité, ou nécessairement (*de necessitate vel necessario*), est un animal" » (SL II, 9, trad. Biard, légèrement modifiée, p. 37). Les modales sans *dictum*, auxquelles sont

dire connaître le vrai, comme le dit le Philosophe dans les *Seconds Analytiques*, livre I [71b19-26].

Huitième supposition[1] : certaines propositions en cette matière doivent faire l'objet d'une distinction selon la composition et la division, comme celles où on pose un mode avec un certain *dictum* – et dans le sens de la composition il est dit que ce mode est prédiqué de la proposition correspondant à ce *dictum*, ou de la proposition exprimée par ce *dictum*, tandis qu'au sens de la division, il est dit que le prédicat de ce *dictum* ou de la proposition exprimée par ce *dictum* est prédiqué de ce pour quoi suppose le sujet de la proposition, comme on le voit dans la *Logique*[2]. Il est clair que la proposition « un prédestiné

équivalentes les modales avec *dictum* au sens de la division, n'ont pas les mêmes conditions de vérité que les modales avec *dictum* au sens composé, et Ockham précise qu'une même proposition (avec *dictum*) peut être vraie au sens composé et fausse au sens divisé (qui est sa correspondante sans *dictum*), ou l'inverse. La raison en est que, tandis que le sens composé demande que le mode soit attribué à la proposition telle quelle, le sens divisé (la modale sans *dictum*) a pour condition de vérité « que le prédicat convienne sous sa forme propre à ce pour quoi suppose le sujet, ou à un pronom démonstratif désignant ce pour quoi suppose le sujet ; de telle sorte que le mode exprimé dans une telle proposition se prédique véridiquement d'une proposition d'inhérence dans laquelle le prédicat lui-même est prédiqué d'un pronom démonstratif désignant ce pour quoi le sujet suppose, de la même manière que ce qui a été dit concernant les propositions au passé et au futur » (SL II, 10, trad. Biard, p. 40). Ainsi « il est possible que ce blanc soit noir » au sens divisé est équivalente à la modale sans *dictum* « ce blanc peut être noir », et a pour condition de vérité que la proposition « ceci est noir », où « ceci » désigne ce qui est désigné par (ce pour quoi suppose) « le blanc » dans la proposition initiale, soit possible. Une telle proposition peut être vraie, alors qu'au sens composé, qui demande que la proposition « ce blanc est noir » soit possible, elle est fausse.

2. Le *praeiacens* du *dictum* est la proposition conjuguée correspondant à l'infinitive qu'est le *dictum*.

tinatus potest damnari» non est distinguenda secundum
compositionem et divisionem[1].

Nona suppositio[a] : quod « causa » ad praesens dupliciter
accipitur : uno modo pro re aliqua habente aliam rem tamquam
suum effectum, et dicitur causa « ad cuius esse sequitur aliud »,
quia ipsa posita ponitur effectus, et non posita non potest poni.
Alio modo dicitur quando importat prioritatem unius propositionis ad aliam secundum consequentiam, sicut dicimus quod
quando ab una propositione ad aliam est consequentia
naturalis et non e converso, antecedens est causa consequentis
et non e converso[2].

His visis, potest responderi ad argumenta, quae facta sunt,
probantia quod praedestinatus potest damnari, et etiam ad alia
fienda pro aliis quaestionibus tangentibus scientiam Dei
respectu futurorum contingentium.

[Quaestio II : *De scientia dei respectu futurorum
contingentium*]

Utrum Deus respectu omnium futurorum contingentium
habeat notitiam determinatam, certam, infallibilem, immutabilem et necessariam respectu unius partis contradictionis[b].

a. Cf. *Ordinatio*, I, d. 41, q.u., *infra*, p. 239.

b. C'est la série de questions que soulevait Duns Scot, *Ord.* I, d. 39, q.u.,
n. 1; *Rep. Par.* I, d. 38-39, q. 1-2; et, comme le remarque Adams, déjà Alexandre
de Halès, *Summa theologica* I, n. 184-187 (ed. Quarrachi, t. 1, p. 269-275).

1. Certains manuscrits omettent la négation. Mais l'argument d'Ockham
ici, en conformité avec son analyse des proposition modales en *SL* II, 9-10, est
que la proposition dont le verbe est modalisé (comme « potest ») n'est pas
ambiguë comme les propositions *de modo* (avec *dictum*; comme *possibile est* +
dictum). Elle est équivalente à la proposition avec *dictum* correspondante (ici

peut être damné », et d'autres semblables, ne doivent pas être distinguées selon la composition et la division [1].

Neuvième supposition : « cause » est ici pris en deux sens : dans le premier sens pour la chose qui a une autre chose pour effet, et on l'appelle cause « dont l'être est suivi par autre chose », car une fois posée, l'effet est posé, et il ne peut pas l'être si la cause ne l'est pas. Dans le second sens, on parle de cause quand elle implique la priorité d'une proposition sur autre par voie de conséquence, comme lorsque nous disons que quand une proposition est la conséquence naturelle d'une autre et non l'inverse, l'antécédent est cause du conséquent, mais non l'inverse [2].

Ces suppositions faites, on peut répondre aux arguments qui ont été formulés pour prouver que le prédestiné peut être damné et à ceux qui seront formés sur les questions touchant à la science de Dieu portant sur les futurs contingents.

[Question 2 : *La science de Dieu à l'égard des futurs contingents*]

Dieu a-t-il sur tous les futurs contingents une connaissance déterminée, certaine, infaillible, immuable et nécessaire d'une partie de la contradiction ?

« cette proposition est possible "un prédestiné est damné" ») entendue au sens divisé. Voir note précédente, et dist. 40, q.u. (595), *infra*, p. 219.

2. Le concept couvre donc le lien naturel de causalité entre un agent et un patient, et le lien logique d'antécédent à conséquent dans une conséquence logique. Ockham ne fait pas ici référence à la connaissance et à l'idée que la connaissance de l'antécédent causerait (naturellement) celle du conséquent. En revanche, il reprend une idée d'Aristote, pour qui les prémisses sont comme les causes de la conclusion d'un syllogisme. Cf. *Seconds Analytiques* II, 11, 94 a 20.

[Primus articulus]

Et primo, quod non determinatam :

Quia in futuris contingentibus non est determinata veritas nec falsitas, ergo etc. [a].

Secundo : si sic, sive consiliaremur sive non, necessario eveniret quod sic a Deo est cognitum, et per consequens frustra consiliaremur vel negotiaremur.

Tertio sic : si sic, Deus esset limitatae potentiae. Probatio : quia si Deus potest facere determinate hoc ita quod non suum oppositum, est determinatae et limitatae potentiae; igitur similiter etc. [1].

Quarto : quod non est in se verum, non scitur a Deo notitia determinata; sed futurum contingens est huiusmodi; igitur etc. Ad oppositum est fides.

[Responsio auctoris]

Ad istam particulam dico, sicut dictum est in suppositione sexta, quod Deus habet notitiam determinatam respectu futurorum contingentium, quia determinate scit quae pars contradictionis erit vera et quae falsa.

---

a. Cf. *Exp. In libr. Periherm.* I, c. 6, § 7-15; *SL* III-3, 32.

1. Comprendre : de la même manière, si Dieu pouvait connaître une partie de la contradiction (entre deux futurs contingents), de telle sorte qu'il ne puisse pas connaître l'autre, il aurait une connaissance limitée. Je suis Adams en adoptant la variante proposée dans un seul manuscrit (sur 8) et qui donne *scientiae* au lieu de *potentiae* dans la première phrase (et donc dans le complément suggéré ici), car la réponse à l'argument un peu plus bas montre bien qu'il était ainsi compris. Ockham proposerait ainsi un raisonnement par analogie : ce qui vaut pour la puissance, vaudrait, par analogie, pour la connaissance (de même que, si Dieu ne peut faire qu'une de deux choses opposées, sa puissance est limitée, de

[Premier article]

Sur le premier point, que sa connaissance n'est pas déterminée

(1) Parce que quant aux futurs contingents, il n'y pas de vérité ni de fausseté déterminées, donc, etc.

(2) Deuxièmement, parce que si Dieu avait une telle connaissance, que nous délibérions ou non, ce qui est ainsi connu de Dieu arriverait nécessairement, et c'est donc en vain que nous délibérerions ou prendrions des décisions.

(3) Troisièmement, s'il en était ainsi, Dieu aurait une connaissance limitée. Preuve : si Dieu peut faire de manière déterminée telle chose de sorte qu'il ne peut pas faire son opposé, sa puissance est déterminée et limitée ; et donc de la même manière, etc. [1].

(4) Quatrièmement : ce qui n'est pas vrai en soi, n'est pas connu de Dieu par une connaissance déterminée ; mais un futur contingent est de ce type ; donc, etc.

En sens opposé, il y a la foi.

[Réponse de l'auteur]

Je réponds sur cette qualification, comme on l'a dit dans la sixième supposition, que Dieu a une connaissance déterminée des futurs contingents, car il sait de manière déterminée quelle partie de la contradiction sera vraie et quelle partie sera fausse.

---

même, s'il ne peut connaître que l'une de deux propositions contradictoires, sa connaissance est limitée). On pourrait néanmoins comprendre, en suivant le texte des éditeurs, que le raisonnement serait l'application au cas particulier de la connaissance d'un principe général concernant la puissance de Dieu : s'il ne pouvait faire qu'une de deux options contradictoires sa puissance serait limitée, donc, s'il ne pouvait connaître que l'une des deux propositions contradictoires, sa puissance (de connaître) serait limitée.

[Ad argumenta principalia]

Ad primum patet quid sit dicendum, ex quinta suppositione, quia secundum intentionem Philosophi in futuris contingentibus quae dependent simpliciter a potentia libera, puta a voluntate creata, neutra pars est determinate vera. Patet ibidem. Sed quid sit dicendum secundum veritatem et fidem, patet ex suppositione sexta.

Ad secundum : prima consequentia non valet, quia licet determinate sciat unam partem, tamen contingenter scit et potest non scire et potuit[a] numquam scivisse, et ideo expedit consiliari.

Ad tertium : nego consequentiam. Ad probationem dico quod verum est : si Deus ita causaret unam partem contra-dictionis quod non posset causare aliam, tunc esset limitatae potentiae. Et similiter si sic sciret unam partem quod non posset scire aliam, haberet scientiam limitatam et imperfectam. Sed neutrum est verum.

Ad quartum patet quod minor est falsa. Sic tamen est vera quod est contingenter vera, quia potest esse falsa, et potuit numquam fuisse vera.

[Secundus articulus]

Secundo arguitur ad secundam particulam, videlicet quod non habet certam et infallibilem notitiam[b].

Probatio, quia sequitur « Deus novit me sessurum cras, et non sedebo cras, ergo decipitur ». Haec consequentia patet, quia

---

a. En lisant « *potuit* » comme un irréel. Une variante propose « *poterit* » (pourra) et Adams corrige par « peut » (lisant « *potest* »). Chacune des trois offre un sens acceptable.

b. Voir Scot, *Ordinatio* I, d. 39, q.u. n. 1 et 3, que Ockham recopie pratiquement ici.

[Réponse aux arguments principaux]

Réponse à (1) : On voit ce qu'il faut répondre à partir de la cinquième supposition, car, selon l'intention du Philosophe, pour les futurs contingents qui dépendent absolument d'une puissance libre, comme la volonté créée, aucune partie n'est vraie de manière déterminée. On le voit au même endroit. Mais la sixième supposition montre ce qu'il faut dire selon la vérité et la foi.

Réponse à (2) : la première conséquence n'est pas valide, car bien que Dieu sache de manière déterminée une partie de la contradiction, il la sait cependant de manière contingente, peut ne pas la savoir et aurait pu ne l'avoir jamais su, de sorte qu'il est utile de délibérer.

Réponse à (3) : je refuse la conséquence. Je réponds à l'argument qu'il est vrai que, si Dieu causait une partie de la contradiction de sorte qu'il n'aurait pas pu causer l'autre, sa puissance serait limitée. Et de la même manière, s'il savait une partie de la contradiction de sorte qu'il n'aurait pas pu savoir l'autre, il aurait une science limitée et imparfaite. Mais aucune des deux <thèses> n'est vraie.

Réponse à (4) : il est clair que la mineure est fausse. Cependant, la proposition <énonçant un futur contingent> est vraie de manière contingente, car elle peut être fausse, et elle aurait pu n'avoir jamais été vraie.

[Deuxième article]

En deuxième lieu on discute de la seconde partie de la question, à savoir que Dieu n'a pas une connaissance certaine et infaillible.

(1) Preuve, la conséquence est bonne : « Dieu a su que je serai assis demain, et je ne serai pas assis demain, donc il se trompe ». Cette conséquence est évidente, car celui qui

credens illud esse in re quod non est in re decipitur, igitur a simili : « Deus novit me sessurum cras, et possibile est me non sedere cras, igitur potest decipi ». Probatur haec secunda consequentia, quia sicut ad duas de inesse sequitur conclusio de inesse, ita ad unam de inesse et aliam de possibili sequitur conclusio de possibili [1].

Secundo sic : si Deus novit me sessurum cras, et possum non sedere cras, – ponatur in esse « non sedebo cras » –, sequitur tunc quod Deus decipitur, quia[a] ex positione possibilis in esse non sequitur impossibile ; igitur haec « Deus decipitur » non est impossibilis.

Ad oppositum est fides.

[Responsio auctoris]
Dico quod sic, et probatur per suppositionem sextam.

[Ad argumenta principalia]
Ad primum in oppositum dico quod prima consequentia est bona, licet non syllogistica, quia decipi est opinari aliter rem esse quam sit in re pro tempore pro quo creditur sic esse. Et hoc importatur per illas praemissas de inesse, quia per illas importatur quod Deus credit aliter esse quam erit. Et ex illis duabus, si possent esse simul verae, sequitur conclusio. Sed non possunt esse simul verae, quia sequitur « si Deus novit me » etc., igitur haec est vera « ego sedebo

a. Je lis *sed* et non *quia*.

croit qu'une même chose existe et n'existe pas en réalité, se trompe, et donc de la même manière : « Dieu a su que je serai assis demain, et il est possible que je ne sois pas assis demain, donc il peut être trompé ». On prouve cette seconde conséquence, car tout comme de deux propositions d'inhérence il suit une conclusion d'inhérence, ainsi d'une proposition d'inhérence et d'une proposition de possibilité, il suit une conclusion de possibilité[1].

(2) Si Dieu a su que je serais assis demain, et si je peux ne pas être assis demain – posons qu'en réalité « je ne serai pas assis demain ». Il suit que Dieu se trompe. Mais un impossible ne suit pas de la position d'un possible dans la réalité ; donc cette proposition « Dieu se trompe » n'est pas impossible.

En sens opposé il y a la foi.

[Réponse de l'auteur]
Je dis qu'il en est ainsi, et qu'on le prouve par la sixième supposition.

[Réponse aux arguments principaux]
Réponse à (1) : Je réponds que la première conséquence est bonne, bien qu'elle ne soit pas syllogistique, car se tromper c'est penser que la réalité est autre qu'elle n'est pour le temps où l'on croit qu'elle est ainsi. Et c'est ce qui est impliqué par les prémisses d'inhérence, qui impliquent que Dieu croit qu'il en sera autrement qu'il ne sera. Et de ces deux propositions, si elles pouvaient être vraies ensemble, la conclusion suivrait. Mais elles ne peuvent pas être vraies ensemble, car il suit de « si Dieu a su, etc. » que cette proposition est vraie « je serai

---

1. La proposition *de possibili* est en fait la proposition *de modo* ou modale *de dicto*, avec le mode du possible (« il est possible que ... »). La règle évoquée ici par Ockham dit que, si de « p et q », « r » s'ensuit, alors de « p et il est possible que q », « il est possible que r » s'ensuit.

cras », quia nihil scitur nisi verum[1]. Igitur sua opposita est falsa, quia aliter contradictoria essent simul vera. Sed quidquid sit de prima consequentia, secunda non valet, quia ad hoc quod talis mixtio valeret, oporteret quod maior esset de inesse simpliciter[2], ita quod semper esset necessario vera quantumcumque illa de possibili poneretur in esse. Et tunc sequitur conclusio de possibili, et aliter non. Assumptum probo, quia si arguitur ex opposito conclusionis cum ista de possibili, tantum inferetur oppositum unius propositionis necessariae et de inesse simpliciter. Verbi gratia, sic arguendo « Deus non potest decipi, et possibile est me non sedere cras », sequitur tantum ista conclusio « ergo Deus non necessario scit me sessurum cras sed tantum contingenter ». Igitur ad hoc quod prima mixtio valeat, oportet quod maior sit de inesse simpliciter. Sed patet quod non est, quia est mere contingens, quia potest esse vera et potest esse falsa et numquam fuisse vera. Patet ex praecedentibus, scilicet ex suppositione secunda et tertia[3].

---

1. Adams critique Ockham, parce qu'il utilise dans la formulation de l'objection le verbe « *noscere* » (« *novit* ») qui pose un acte de représentation passée, tandis que le verbe « *scire* » qu'il utilise dans la réponse ne pose que la relation de savoir, et ne pose pas d'acte passé. Je ne suis pas convaincu que les deux ne soient pas, dans ce contexte, interchangeables.

2. La proposition *de inesse simpliciter* se distingue de la proposition *de inesse ut nunc*, la première ayant une vérité constante (tant que le terme sujet n'est pas vide), comme « l'homme est rationnel », la seconde étant limitée dans le temps : le prédicat pouvant cesser d'être vrai du sujet, comme « Socrate est chevelu » (voir *SL* III-1, c. 31). Ici, Ockham l'oppose surtout aux propositions modales, *de possibili*. L'inférence mixte est celle qui combine une proposition *de inesse* avec une proposition *de possibili*, ou deux propositions modales avec un mode différent. Ockham prétend que la prémisse majeure de l'objection, « Dieu a su que je serais assis demain » n'est pas *de inesse simpliciter*, car elle est équivalente à une proposition au futur, qui est une proposition contingente (fin de la réponse).

assis demain », car rien n'est su que ce qui est vrai[1]. Son opposé
est donc faux, car sinon les contradictoires seraient vrais
ensemble. Mais quoi qu'il en soit de la première conséquence,
la seconde n'est pas valide, car pour qu'un tel assemblage <de
types de propositions> soit correct, il faudrait que la majeure
soit absolument d'inhérence[2], de sorte qu'elle serait toujours
nécessairement vraie à chaque fois que la proposition de possibilité serait posée en réalité. Une conclusion de possibilité
s'ensuit alors, et autrement non. Je prouve la prémisse, car si on
argumente à partir de la négation de la conclusion avec cette
proposition de possibilité, on n'obtiendra par inférence que
l'opposé d'une proposition nécessaire et d'inhérence. Par
exemple, en argumentant ainsi : « Dieu ne peut pas se tromper,
et il est possible que je sois assis demain », il ne suit que cette
conclusion : « donc Dieu ne sait pas nécessairement que je
serai assis demain, mais il le sait seulement de manière
contingente ». Par conséquent, pour que le premier assemblage
soit valide, il faut que la majeure soit une proposition d'inhérence absolue. Mais il est clair que ce n'est pas le cas, et que
c'est une proposition purement contingente, car elle peut être
vraie et elle peut être fausse et n'avoir jamais été vraie. On le
voit par ce qui précède, à savoir par la deuxième et la troisième
supposition[3].

3. La thèse d'Ockham est donc que l'objection, ayant une prémisse *de
inesse* mais pas *simpliciter* (« Dieu a su… ») et une prémisse modale *de possibili*
(« il est possible que je ne sois pas assis demain »), ne permet pas d'inférer une
conclusion *de possibili* (comme « Dieu peut se tromper »). Son argument
consiste à utiliser une propriété logique du syllogisme (voire de tout *modus
ponens*) : la négation de la conclusion et l'une des prémisses doit entraîner la
négation de l'autre prémisse. Ici la négation de la conclusion modale (« Dieu ne
peut pas se tromper ») et la prémisse *de possibili* (« il est possible que je sois
assis demain ») entraînent non pas la négation d'une proposition *de inesse*

Ad secundum dico quod ex sola positione alicuius propositionis possibilis in esse numquam sequitur impossibile. Tamen illa de inesse in qua ponitur illa de possibili potest repugnare alicui propositioni de inesse cui non repugnat illa de possibili quae ponitur in esse, quia antecedens potest repugnare alicui cui non repugnat consequens, sicut albedo alicui repugnat cui non repugnat color. Et illa de inesse infert illam de possibili et non e converso, – patet; et ideo ex illa de inesse quae antecedit ad illam de possibili et alia de inesse sibi repugnante potest sequi conclusio impossibilis, quia[a] non sequitur ex illa de possibili quae est consequens et alia de inesse. Unde mirum non est si ex praemissis incompossibilibus sequitur conclusio impossibilis, quia in syllogismo ex oppositis sequitur conclusio impossibilis[1].

Modo ad propositum dico quod ex ista « possibile est me non sedere cras » – posita in esse – nullum sequitur impossibile. Sed ex ista in qua ponitur in esse, puta « ego non sedebo cras » et ista « Deus novit me sessurum cras », sequitur hoc impossibile « Deus fallitur », et hoc quia praemissae sunt incompossibiles. Exemplum : istae

---

a. Je lis *quae* et non *quia*.

simpliciter qui serait une proposition nécessaire (« Dieu sait nécessairement que je serai assis demain »), mais seulement une proposition modale de contingence (« Dieu sait de manière contingente… »). Pour que l'objection soit valide il faudrait que sa prémisse majeure soit *de inesse simpliciter*, mais ce n'est pas le cas, puisqu'elle est équivalente à une proposition au futur, et qu'elle est contingente (« Dieu a su que je serai assis demain » peut être fausse).

1. Ockham envisage dans sa réponse que la proposition d'inhérence « je ne serai pas assis demain » (~q) implique et soit donc l'antécédent de la proposition de possibilité « il est possible que je ne sois pas assis demain » ($\lozenge$~q, soit : ~q → $\lozenge$~q). La première (~q) contredit une proposition, « Dieu a su que je serai assis demain » (p, soit ~q → ~p), que ne contredit pas la seconde ($\lozenge$~q). Par conséquent des deux propositions d'inhérence « Dieu a su que je serai assis

Réponse à (2). Je dis que, de la seule position dans la réalité d'une proposition possible, il ne s'ensuit jamais un impossible. Pourtant cette proposition d'inhérence <sc. « je ne serai pas assis demain »> dans laquelle on pose la proposition de possibilité <sc. « je peux ne pas être assis demain »> peut s'opposer à une proposition d'inhérence à laquelle n'est pas opposée la proposition de possibilité que l'on pose dans la réalité, car l'antécédent peut s'opposer à ce à quoi le conséquent n'est pas opposé, tout comme la blancheur peut s'opposer à ce à quoi ne s'oppose pas la couleur. Et la proposition d'inhérence implique la proposition de possibilité, mais non l'inverse – c'est évident ; c'est pourquoi de la proposition d'inhérence qui est l'antécédent de celle de possibilité et d'une autre proposition d'inhérence opposée à la première, une conclusion impossible peut s'ensuivre qui ne suit pas de la proposition de possibilité qui est le conséquent (de la proposition de possibilité) et de l'autre proposition d'inhérence. De sorte qu'il n'est pas étonnant que de prémisses incompossibles suive une conclusion impossible, puisque, dans le syllogisme formé à partir de propositions opposées, une conclusion impossible s'ensuit [1].

Je dis maintenant sur le point en question que de la proposition « il est possible que je ne sois pas assis demain » – posée dans l'être – ne suit rien d'impossible. Mais de celle-ci posée dans l'être, « je ne serai pas assis demain », et de cette autre, « Dieu a su que je serais assis demain », suit cette proposition impossible : « Dieu se trompe », et cela parce que les prémisses sont incompossibles. Exemple : ces deux propo-

demain » et « je ne serai pas assis demain » (p&~q) suit une conclusion impossible : « Dieu se trompe ». Mais ce n'est pas le cas de la conjonction de « Dieu a su que je serai assis demain » et de « il est possible que je ne sois pas assis demain » (soit de p & ◊~q). De cette conjonction il ne suit pas que « Dieu se trompe », contrairement à ce que prétendait l'objection (2).

sunt simul verae « Sortes sedet » et « Sortes potest stare »,
tamen istae « Sortes sedet » et « Sortes stat » non stant simul,
immo repugnant; et ideo ex istis duabus sequitur quod sedens
est stans. Quae tamen conclusio non sequitur ex istis : « Sortes
sedet » et « Sortes potest stare ». Et tota causa est repugnantia
praemissarum in uniformi et non in mixtione. Et eodem modo
per omnia est in proposito.

[Tertius articulus]

Tertio arguitur quod non habeat scientiam immutabilem de
futuris contingentibus[a].

[Argumenta in oppositum eorumque solutiones]

Primo sic : non potest esse transitus de contradictorio in
contradictorium sine omni mutatione. Et probatur, quia non
videtur quod illud quod prius fuit verum sit modo falsum vel
e converso nisi sit aliqua mutatio; sed Deus sciens hanc
propositionem contingentem « ego sedebo »[b], potest non scire
eam, quia potest esse falsa, et falsum non scitur[1].

Et similiter, Deus non scit modo istam propositionem « ego
sum Romae », quia haec nunc est falsa, et potest eam scire
modo ad annum quando erit vera, igitur videtur quod Deus
mutetur[c].

---

a. Voir Scot, *Ordinatio* I, d. 39, q.u., n. 1, 3-4; Ockham *Ordinatio* d. 39, q.u.

b. Adams remarque à juste titre qu'Ockham aurait dû s'exprimer au
discours indirect, car le « je » de la proposition (et des suivantes) ne renvoie pas
à Dieu qui connaît la proposition, mais à celui qui présente les exemples.

c. Dans la traduction, je dissocie les deux références temporelles, car le
texte est ambigu. L'argument réclame seulement que Dieu ne sache pas maintenant la proposition et qu'il la sache plus tard (l'année où elle sera vraie). En ce
sens il peut (maintenant) la savoir (plus tard).

sitions sont vraies ensemble « Socrate est assis » et « Socrate peut être debout », et pourtant celles-ci « Socrate est assis » et « Socrate est debout » ne peuvent tenir ensemble, elles se contredisent ; c'est pourquoi de ces deux propositions il suit que celui qui est assis est debout. Mais cette conclusion ne suit pas de « Socrate est assis » et « Socrate peut être debout ». Et toute la cause en est la contradiction des prémisses dans l'inférence uniforme qui n'a pas lieu dans l'inférence mixte. C'est à tous égards la raison de tout ce qui est en cause.

[Troisième article]
Troisièmement, on soutient que Dieu n'a pas de science immuable des futurs contingents.

[Arguments en sens contraire et solutions]
Premièrement :
(1) Il ne peut y avoir de passage d'un contradictoire à l'autre sans aucun changement. La preuve en est qu'il ne semble pas que ce qui a d'abord été vrai soit maintenant faux, ou l'inverse, à moins d'un changement ; mais Dieu, qui connaît la proposition contingente « je serai assis », peut ne pas la connaître, car elle peut être fausse, et le faux n'est pas connu [1].

(2) Et de la même manière, Dieu ne connaît pas maintenant cette proposition « je suis à Rome », car elle est maintenant fausse, et il peut maintenant la connaître l'année où elle sera vraie, il semble donc que Dieu change.

---

1. Pour que l'objection permette d'inférer la conclusion visée, à savoir que la connaissance de Dieu est changeante, elle doit entendre que Dieu peut ne pas savoir une proposition *après* l'avoir su (ou peut la savoir *puis* ne pas la savoir). C'est ce que la réponse mettra en évidence, pour admettre que Dieu peut ne pas savoir ce qu'il sait, mais pas qu'il peut ne pas savoir après avoir su la même proposition.

Similiter, modo scit istam de futuro « ego cras legam » – ponatur quod sit vera; et post cras non sciet istam « cras legam », quia tunc erit falsa :

Dico quod loquendo de propositionibus mere de praesenti, quae nullo modo dependent a futuro, sic dico quod sicut tales possunt mutari de veritate in falsitatem et e converso, ita potest Deus tales aliquando scire et aliquando non, et scire illas postquam non scivit, et non scire postquam scivit, et scire aliquam propositionem quam prius non scivit, sine omni mutatione sui, propter solam mutationem in creatura vel in propositionibus talibus scitis, sicut dicitur primo « non creans » et postea « creans » propter mutationern et positionem creaturae, quia hoc potest intellectus noster sine omni mutatione sui. Probatio : ponatur quod ego opiner istam propositionem esse veram « Sortes sedet », quae tamen est falsa, quia Sortes stat. Remanente illo actu in intellectu meo fiat illa propositio vera; iam scio eam quam prius nescivi, sine omni mutatione in intellectu meo sed tantum in re [1]. Et sic intelligitur illud *VII Physicorum* : quod in « ad aliquid » non est motus, ita quod sit propositio particularis, non universalis, quia Philosophus intendit ibi loqui de scientia quae cum sit ad aliquid, quod aliquis potest de novo scire aliquid sine omni mutatione in eo, sicut dictum est [a]; vel

---

a. *Cf.* Aristote, *Physique* 247ab.

1. Ockham semble limiter, pour les besoins de l'argument, la connaissance à la croyance vraie. En ce sens une croyance fausse peut devenir vraie et donc je peux passer de l'erreur au savoir du fait d'un seul changement du monde (et non en moi) : si je crois que Socrate est assis quand il est debout et continue de le croire quand il s'assied, mon unique croyance passe du faux au vrai. Mais on ne peut envisager cela pour Dieu, qui est omniscient, et le parallèle avec notre intellect est sans doute déficient. Ockham envisage plutôt que par un seul acte (intuitif) Dieu se représente le monde qui change. Il ne faut pas lui attribuer des connaissances complexes qui devraient changer pour rester toujours (et

(3) De même, il sait maintenant la proposition au futur « je lirai demain » – posons qu'elle soit vraie ; après demain, il ne connaîtra pas la proposition « je lirai demain », car alors elle sera fausse.

[Réponse à (2)] Je dis qu'en parlant des propositions absolument au présent, qui ne dépendent en aucune façon du futur, tout comme de telles propositions peuvent changer du vrai au faux et inversement, de même Dieu peut parfois connaître de telles propositions et parfois non, et les connaître après ne les avoir pas connues, et ne pas les connaître après les avoir connues, et connaître une proposition qu'il ne connaissait pas auparavant, sans aucun changement de sa part, mais en raison du seul changement dans la créature ou dans ces propositions connues, tout comme il est dit d'abord « ne pas créer » puis « créer » en raison d'un changement et de la position d'une créature, car cela, notre intellect peut <le penser> sans aucun changement de sa part. Preuve : posons que je pense qu'est vraie la proposition « Socrate est assis », qui est pourtant fausse, car Socrate est debout. Supposons que cet acte demeure dans mon intellect, et que la proposition devienne vraie : je sais alors ce que j'ignorais auparavant, sans aucun changement dans mon intellect, mais seulement dans la chose [1]. Il faut ainsi comprendre la remarque du livre VII de la *Physique* [246b11] selon laquelle il n'y a pas de mouvement dans la relation comme une proposition particulière et non universelle, car le Philosophe veut ici parler de la science qui est relative, puisque quelqu'un peut savoir pour la première fois quelque chose, sans aucun changement en lui, comme on l'a dit ; ou encore

nécessairement) vraies. Par un même acte Dieu connaît successivement des propositions contradictoires, sans changement en lui. Je discute l'intelligibilité d'une telle doctrine dans *Prescience et liberté*, p. 135-139.

etiam sicut dicit Commentator : illa propositio dicitur secundum opinionem Platonis[a].

Sed loquendo de propositionibus de futuro, distinguo :

quia quaedam sunt futura quae non important aliquod praesens vel praeteritum, et in talibus impossibile est quod Deus talia futura prius sciat et postea non sciat, quia impossibile est quod ante *a* instans Deus sciat istam « Sortes sedebit in *a* » et postea nesciat eam*. Et causa est quia ante *a* non potest primo esse vera et postea falsa ; sed si sit vera ante *a*, semper fuit vera ante *a*, quia omnis propositio simpliciter de futuro si sit semel vera semper fuit vera[b].

Quaedam sunt futura solum secundum vocem quae implicant praesentia vel praeterita esse futura ; sicut si post *a* tempus proferatur ista propositio « Sortes sedebit in *a* », quae implicat praeterita esse futura, scilicet quod *a* sit futurum et quod sessio sit futura. Et talis de futuro potest mutari de veritate in falsitatem, quia ante *a* fuit vera et post *a* est falsa ; et tale futurum contingens potest Deus non scire postquam scivit sine omni mutatione ex parte sua, propter mutationem rei et transitionem temporis. Circa talia futura est sciendum quod quaedam sunt vera et non incipiunt esse vera, sed incipiunt esse falsa. Sicut, verbi gratia, sit *a* dies crastina : haec est nunc vera « Sortes sedebit in *a* » – ponatur – et numquam incepit esse vera, tamen incipiet

a. Les éditeurs donnent en référence Averroès, *In Arist. Phys.* VII, t. 20 (ed. Iuntina, IV, f. 147rv), qui n'est pas très probant.

b. Pour une proposition *purement* future (« x sera F », qu'on peut écrire « il sera le cas que "x est F" »), ce principe est vrai : si la proposition est vraie à t, elle l'a toujours été avant t. Et donc aussi : si Dieu sait la proposition à t, il l'a toujours sue.

comme le dit le Commentateur : cette proposition est dite selon l'opinion de Platon.

Mais pour ce qui est des propositions sur le futur, je fais cette distinction :

[Réponse à (1)] certains futurs n'impliquent rien de présent ni de passé, et il est impossible que Dieu connaisse d'abord ces futurs puis ne les connaisse pas, car il est impossible qu'avant l'instant a Dieu connaisse la proposition « Socrate sera assis en a » puis l'ignore [1]. La cause en est qu'avant a, elle ne peut pas être d'abord vraie et ensuite fausse ; mais si elle est vraie avant a, elle a toujours été vraie avant a, car toute proposition absolument sur le futur, si elle est vraie une fois, l'a toujours été.

[Réponse à (3)] Mais certains futurs ne le sont que verbalement, car ils impliquent que des réalités présentes ou passées soient futures ; par exemple si après le temps a est proférée la proposition « Socrate sera assis en a », qui implique que des réalités passées soient futures, à savoir que a soit futur et que sa session soit future. Une telle proposition sur le futur peut passer du vrai au faux, car avant a elle était vraie et après a elle est fausse ; un tel futur contingent, Dieu peut ne pas le connaître après l'avoir connu, sans aucun changement de sa part, mais seulement en raison d'un changement de la chose et du passage du temps. À propos de tels futurs, il faut savoir que certains sont vrais sans commencer à l'être mais qu'ils commencent à être faux. Par exemple, si a est demain, cette proposition est maintenant vraie « Socrate sera assis en a » – on le suppose – et elle n'a jamais commencé à être vraie, mais elle commencera à

---

1. C'est toute la succession (du savoir et de l'ignorance) qui est envisagée avant l'instant a, lequel doit être considéré comme antérieur au moment où est vraie la proposition au présent (« x est F ») correspondant à la proposition au futur (« x sera F »).

esse falsa, quia post *a* semper erit falsa[1]. Et talis est ista
« Sortes est praedestinatus », quia ante beatitudinem semper
est vera, si semel sit vera, sed post beatitudinem semper erit
falsa. Quaedam sunt falsa et numquam incipiunt esse falsa, sed
incipiunt esse vera, sicut ista « Sortes non sedebit in *a* », quia
ante *a* semper erit falsa – ponatur – et postea semper erit vera.
Et talis est ista « Sortes non est praedestinatus », quia ante
beatitudinem fuit falsa et postea semper erit vera.

Secundo arguitur ad idem sic : Deus potest scire plura
quam scit, quia multas propositiones contingentes quae erunt
verae quae tamen nunc sunt falsae. Similiter potest scire
pauciora quam scit, quia aliquas propositiones veras de
praesenti quae semper postea erunt falsae. Ergo scientia sua est
mutabilis[a] :

Dico quod loquendo de « scire » et « scientia » Dei stricte,
sicut dicitur suppositione septima, quamvis Deus possit
aliquid scire quod modo non scit, quia cum Deus isto modo
nihil scit nisi verum, aliquando propositio quae modo non
est vera, sicut « me esse Romae », potest a Deo sciri, quae
tamen modo, non scitur ab eo. Tamen non debet concedi
quod possit scire plura quam scit, quia nihil scitur a Deo
nisi verum et omne verum scitur a Deo. Sed semper sunt

---

a. Cf. *Ordinatio* d. 39, q.u.

1. Si le temps de l'énonciation (ou de l'évaluation) de la proposition au
futur est postérieur au temps auquel elle fait référence, alors une proposition qui
était vraie avant ce temps peut être fausse ensuite. L'idée est qu'une proposition au futur qui ne correspond à aucun fait futur est fausse, même si elle
correspond à un fait présent ou passé (par exemple « Socrate est prédestiné » qui

être fausse, car après *a* elle sera toujours fausse [1]. Et tel est le cas de « Socrate est prédestiné », car avant la béatitude elle est toujours vraie, si elle l'a été une fois, mais après elle sera toujours fausse. Certaines propositions sont fausses et n'ont jamais commencé à l'être, mais elles commencent à être vraies, comme « Socrate ne sera pas assis en *a* », car avant *a* elle sera toujours fausse – par hypothèse – et ensuite elle sera toujours vraie. Et tel est le cas de « Socrate n'est pas prédestiné », car avant la béatitude elle a été fausse et ensuite elle sera toujours vraie.

Deuxièmement

On argumente ainsi pour le même point : Dieu peut savoir plus qu'il ne sait, car il peut savoir beaucoup de propositions contingentes qui seront vraies et qui sont pourtant maintenant fausses. De la même manière, il peut savoir moins qu'il ne sait, car <il peut savoir> certaines propositions vraies sur le présent qui seront ensuite toujours fausses. Sa science est donc muable.

Je réponds qu'en parlant *strictement* de la connaissance de Dieu ou du fait que Dieu sait, comme le dit la septième supposition, étant donné qu'en ce sens (strict) Dieu ne sait que ce qui est vrai, il peut savoir quelque chose qu'il ne sait pas maintenant, puisqu'il peut savoir à un certain moment une proposition qui n'est pas vraie maintenant, comme la proposition que je suis à Rome. Cependant, on ne doit pas accorder qu'il peut savoir plus qu'il ne sait, car rien n'est su par Dieu si ce n'est vrai, et tout ce qui est vrai est su par Dieu. Mais il y a toujours

---

est équivalente à une proposition au futur, « Dieu donnera la béatitude à Socrate », est fausse une fois passé le temps auquel elle fait référence : une fois que la béatitude a été donnée).

aequalia vera, igitur semper sunt aequalia scita a Deo. Assumptum probo, quia non est possibile quod sint plura vera in uno tempore quam in alio, quia semper altera pars contradictionis est vera, et nihil est verum nisi sit altera pars contradictionis; nec est possibile quod utraque pars contradictionis sit vera, et per consequens tot sunt vera in uno tempore sicut in alio et nec plura nec pauciora, quamvis aliquid sit verum in uno tempore quod non est verum in alio tempore, et universaliter, ita quod si aliquid fiat falsum quod prius erat verum, aliquid fit verum quod prius fuit falsum[1]. Et ita non sequitur « Deus potest scire plura quae non scit et non scire plura quae scit, ergo potest scire plura vel pauciora quam scit »[2].

Si dicatur quod quidquid Deus modo scit semper sciet illud, quia ex hoc quod Deus primo scit istam « Sortes sedet », et postea scit istam « Sortes sedit », non scit aliud sed idem[3],

dico quod accipiendo scientiam vel scire pro notitia Dei qua cognoscit illas propositiones, illa est eadem respectu omnium scibilium. Accipiendo tamen scire Dei prout importat ista complexa « Sortes sedet, Sortes sedit », sic non est

---

1. Bien qu'il puisse y avoir un changement des propositions vraies et sues et des propositions fausses et non sues, leur nombre ne varie pas. Il y a toujours (à tout moment) le même nombre de propositions, dont exactement la moitié est vraie, puisque toute proposition est telle qu'elle est vraie ou que sa négation est vraie. Ainsi, pour toute proposition, Dieu sait qu'elle est vraie ou que sa négation est vraie, et il sait donc toujours exactement la moitié des propositions.

2. La conséquence est valide, mais elle n'est pas bonne puisque ses prémisses sont fausses.

3. On peut comprendre (c'est l'opinion d'Adams) cette objection comme venant d'un partisan de l'éternité atemporelle (Thomas d'Aquin, Boèce, voire Anselme), pour qui les distinctions de temps verbal valent pour nous mais ne correspondent à rien quand on les rapporte à Dieu. On peut aussi comprendre qu'il s'agit de partisans de l'unité du signifié propositionnel : les propositions

autant de vérités et donc toujours autant de <propositions> sues par Dieu. Je prouve ce qui a été assumé : il n'est pas possible qu'il y ait plus de propositions vraies à un moment qu'à un autre, car toujours une des deux parties d'une contradiction est vraie, et rien n'est vrai si ce n'est une partie d'une contradiction ; et il n'est pas possible que les parties d'une contradiction soient vraies, et par conséquent à tout moment il y a le même nombre de propositions vraies, ni plus ni moins, bien que quelque chose puisse être vrai à un moment qui ne l'est pas à un autre moment, et cela vaut de façon universelle, de sorte que si quelque chose qui était vrai auparavant devient faux, quelque chose qui était faux auparavant devient vrai [1]. Et cette conséquence n'est donc pas bonne : « Dieu peut savoir plus qu'il ne sait et ne pas savoir plus qu'il ne sait, donc il peut savoir plus ou moins qu'il ne sait » [2].

Si l'on dit que tout ce que Dieu sait maintenant il le saura toujours parce que du fait que Dieu sait d'abord cette proposition : « Socrate est assis », et qu'il sait ensuite celle-ci : « Socrate a été assis », il ne sait pas autre chose mais la même chose [3],

je réponds qu'en prenant « science » ou « savoir » pour la connaissance de Dieu par laquelle il connaît ces propositions, celle-ci est la même à l'égard de tous les objets de savoir. Mais en prenant le savoir de Dieu en tant qu'il implique les complexes « Socrate est assis, Socrate a été assis », ce n'est pas le

---

qui ne se distinguent que par les temps verbaux ont le même signifié, lequel pourrait être exprimé par une proposition infinitive (le signifié de *Sortes sedet* et celui de *Sortes sedit* est *Sortem sedere*). Dans les deux cas, il s'agit de rapatrier la référence au temps dans le contenu de la proposition (Socrate est assis à t) et de négliger (comme inexacte ou comme sans importance) la temporalisation du savoir que Dieu a du contenu de la proposition (il faux, ou il n'importe pas, de dire « Dieu a su », « Dieu saura »).

idem, quia ista complexa nec sunt eadem, nec aequipollent, nec sunt convertibilia, quia una potest esse vera, altera exsistente falsa[1]. Puta, si nunc primo Deus sciat istam « Sortes sedet », haec tunc est falsa « Deus scit istam : Sortes sedit » de praeterito ; et similiter Sorte ambulante, tunc scit istam « Sortes sedet », quia haec est vera, et non istam « Sortes sedet », quia haec est falsa[2].

Tertio sic : eius scientia potest augeri quia potest scire plura quam scit, et potest diminui quia potest scire pauciora quam scit ; igitur potest mutari[a] :

Dico quod nec potest augeri nec minui, quia ipsa est indistincta respectu omnium[3]. Sed potest vere numerus praescitorum augeri vel diminui ? Potest dici quod in sensu compositionis haec est falsa, quia haec est impossibilis « numerus praedestinatorum est auctus vel diminutus », quia tunc denotatur quod numerus praedestinatorum est primo maior et postea fit minor, vel e converso. Et hoc est falsum, quia ista opposita non possunt successive verificari, quia quicumque est praedestinatus, ab aeterno fuit praedestinatus, quia omnis propositio simpliciter de futuro quae non connotat aliquod praeteritum vel praesens, si semel sit vera, semper fuit vera. In sensu divisionis potest concedi, quia non denotatur plus nisi quod praeter illos qui nunc sunt praedestinati potest

---

a. Voir *supra*, p. 128, et *Ordinatio* I, d. 39, q.u.

1. Même si l'idée est correcte, Adams remarque qu'il eût été encore plus pertinent de dire « il est possible que l'un soit vrai et l'autre faux ».

2. Il faut rapprocher cette distinction des deux sens de « savoir » de l'hypothèse émise par Ockham sur la nature de la connaissance divine dans la sixième supposition de la q. 1. Ockham considère que la connaissance divine peut être un unique et immuable acte d'intuition. Mais cet acte peut être considéré en lui-

même, car ces complexes ne sont pas les mêmes, et ne sont pas équivalents, ni convertibles, car l'un peut être vrai alors que l'autre est faux [1]. Par exemple, si Dieu sait maintenant d'abord cette proposition « Socrate est assis », cette autre proposition est alors fausse « Dieu sait cette proposition : Socrate a été assis » à propos du passé ; et de la même manière si Socrate marche alors Dieu sait cette proposition « Socrate a été assis », car elle est vraie, et il ne sait pas celle-ci « Socrate est assis », car elle est fausse [2].

Troisièmement

Sa science peut être augmentée car il peut savoir plus qu'il ne sait, et elle peut être diminuée car il peut savoir moins qu'il ne sait ; donc elle peut changer.

Je réponds qu'elle ne peut être ni augmentée ni diminuée, car elle-même est indifférenciée à l'égard de toutes les choses [3]. Mais le nombre des choses dont il y a prescience peut-il vraiment être augmenté ou diminué ? On peut dire que cette proposition est fausse au sens composé, car celle-ci est impossible : « le nombre des prédestinés est augmenté ou diminué », car alors on dénote que le nombre des prédestinés est d'abord plus grand et ensuite plus petit, ou l'inverse. Et cela est faux, car ces opposés ne peuvent être vérifiés successivement : quiconque est prédestiné a été prédestiné de toute éternité, puisque toute proposition absolument sur le futur qui ne connote rien de passé ni de présent a toujours été vraie si elle l'est une seule fois. Au sens divisé on peut la concéder, car il n'est pas dénoté plus que ceci : outre ceux qui sont prédestinés quelqu'un peut

même (premier sens ici) ou en relation à l'objet connu et exprimé par une proposition (second sens). Dans ce cas, il n'est pas immuable puisque la valeur de vérité de certaines propositions ne l'est pas.

3. En tant qu'acte unique d'intuition de toutes choses.

aliquis praedestinari. Et hoc est verum. Et tamen, si ista propositio ponatur in esse, concedendum est quod ille qui nunc est de numero praedestinatorum, semper fuit de numero illorum, et quod ille numerus qui prius ponebatur numerus non fuit numerus praedestinatorum sed alius numerus maior; sicut ex hoc quod una propositio de possibili ponitur in esse, quaelibet sibi repugnans est neganda, sicut ex hoc quod ponitur in esse «possibile est Sortem sedere» debet haec negari «Sortes stat»[1].

Quarto arguitur sic: quicumque non scit a – propositionem contingentem – et potest scire *a*, potest incipere scire *a*, quia non videtur quod affirmatio sit vera post negationem postquam non fuit vera nisi incipiat esse vera; igitur si non scit *a* – propositionem – et potest scire *a*, potest mutari.

Dico quod si per *a* intelligas propositionem contingentem de praesenti, tunc illa propositio est vera, et concedo tunc conclusionem, scilicet quod Deus potest incipere scire *a*. Sed non sequitur ultra «igitur mutatur», – patet prius[a]. Si autem per *a* intelligas propositionem contingentem de futuro, sic illa non est vera; quia ad hoc quod esset vera, oporteret quod illae duae essent successive verae «Deus non scit *a*», «Deus scit *a*», quae non possunt simul esse verae. Quia sicut nihil est scitum a Deo nisi verum, ita omne verum est scitum a Deo; et ideo si *a* sit

a. *Premièrement.*

l'être. Et cela est vrai. Et pourtant, si cette proposition est posée dans la réalité, il faut concéder que celui qui est maintenant au nombre des prédestinés en a toujours été, et que ce nombre qui était posé n'était pas le nombre des prédestinés, mais qu'un autre nombre plus grand l'était; tout comme du fait qu'une proposition de possibilité est posée dans la réalité, toute proposition qui s'y oppose doit être refusée, comme par exemple du fait qu'on pose dans la réalité « il est possible que Socrate soit assis », il faut refuser « Socrate est debout »[1].

Quatrièmement

On argumente ainsi : quiconque ne sait pas a – proposition contingente – et peut savoir a, peut commencer à savoir a, car il ne semble pas que l'affirmation soit vraie après la négation, après qu'elle n'a pas été vraie, à moins de commencer à être vraie. Par conséquent s'il ne sait pas la proposition a et peut savoir a, il peut changer.

Je réponds que si par a on comprend une proposition contingente sur le présent, alors cette proposition <quiconque ne sait pas la proposition contingente a et peut savoir a, peut commencer à savoir a> est vraie, et j'accorde alors la conclusion, à savoir que Dieu peut commencer à savoir a. Mais il ne s'ensuit pas ensuite « donc il change », on l'a vu plus haut. Mais si par a on comprend une proposition contingente sur le futur, alors cette proposition <quiconque…> n'est pas vraie. En effet, pour qu'elle fût vraie, il faudrait que ces deux propositions fussent vraies successivement : « Dieu ne sait pas a », « Dieu sait a », qui ne peuvent pas être vraies ensemble. Car tout comme rien n'est su par Dieu que ce qui est vrai, de même tout ce qui est vrai est su par Dieu ; et c'est pourquoi si a est

---

1. Sur la distinction du sens composé et du sens divisé, voir la huitième supposition, et la note 1, p. 108-109.

vera, semper fuit vera, et per consequens semper fuit scita a
Deo. Et ultra, igitur haec numquam fuit vera « Deus non scit
a », et per consequens ista conclusio non sequitur « quod Deus
potest incipere scire *a* », quia numquam sequeretur nisi primo
haec esset vera « Deus non scit *a* », et post haec « Deus scit *a* ».

Quinto sic :

si Deus non scit *a* et potest scire *a*, hoc erit per intellectum,
igitur est ibi potentia naturalis activa ; sed talis non potest agere
postquam non egit sine mutatione ; igitur Deus mutatur[1].

Dico quod ista propositio « potentia naturalis non potest
agere » etc., est vera quando istae propositiones possunt
successive verificari « talis potentia agit » – « talis potentia non
agit », et quando non, non[a]. Unde si istae possent esse successive verae « Deus intelligit a futurum contingens » – « Deus
non intelligit illud »[b] sequeretur quod Deus mutabilis esset,
quia non posset salvari per mutationem futuri contingentis,
quia illud non potest mutari de veritate in falsitatem ita quod sit
primo verum et postea falsum. Quia, sicut frequenter dictum
est, quantumcumque ponatur quod Deus non intelligat *a*, quia
est falsa et potest esse vera, si ponatur in esse quod haec sit
vera, haec tunc est vera « Deus intelligit *a* », et semper fuit vera
« Deus intelligit *a* ». Et per consequens haec semper fuit falsa
« Deus non intelligit *a* » ; sicut si una pars contradictionis
semper fuit vera, altera semper fuit falsa, et e converso.

a. Comme Adams j'adopte plusieurs inversions de l'affirmation et de la
négation, puis du vrai et du faux, pour rendre l'ensemble cohérent.

b. Ockham utilise le verbe *intelligere* là où il usait de *scire*. Le sens doit être
le même, il s'agit de dire que Dieu comprend que *a* est vraie (= sait *a*), non qu'il
comprend (le sens de) *a*.

1. Adams note que la conclusion est trop forte, et que les prémisses ne
permettent qu'au mieux « Dieu peut changer », que la réponse envisage
d'ailleurs sous la forme « Dieu est muable ». La question porte sur le change-

vraie, elle a toujours été vraie, et par conséquent elle a toujours été sue par Dieu. Et de plus, celle-ci n'a donc jamais été vraie : « Dieu ne sait pas a », et par conséquent cette conclusion ne suit pas : « Dieu peut commencer à savoir a », car elle ne suivrait que si celle-ci était vraie : « Dieu ne sait pas a », et ensuite celle-ci : « Dieu sait a ».

Cinquièmement

Si Dieu ne sait pas a et peut savoir a, ce sera par l'intellect, qui a donc une puissance active. Mais une telle puissance ne peut pas sans changement agir après n'avoir pas agi ; donc Dieu change [1].

Je réponds que cette proposition « une puissance naturelle ne peut pas agir etc. » est vraie quand ces deux propositions peuvent être vérifiées successivement « une telle puissance n'agit pas » – « une telle puissance agit », et quand ce n'est pas le cas, elle n'est pas vraie. C'est pourquoi, si ces propositions pouvaient être vraies successivement « Dieu ne comprend pas le futur contingent a » – « Dieu le comprend », il s'ensuivrait que Dieu serait muable, car on ne pourrait l'éviter par le changement du futur contingent, puisque celui-ci ne peut changer de la fausseté pour la vérité de sorte qu'il serait d'abord faux puis vrai. En effet, comme on l'a dit souvent, quand bien même on poserait que Dieu ne comprend pas a, car elle est fausse et peut être vraie, si on pose en réalité qu'elle est vraie, alors celle-ci est vraie « Dieu comprend a », et elle a toujours été vraie. Par conséquent, celle-ci a toujours été fausse « Dieu ne comprend pas a » ; de même si une partie d'une contradiction a toujours été vraie, l'autre a toujours été fausse, et inversement.

ment de la connaissance divine, mais l'inférence d'un changement de la connaissance à un changement en Dieu est acceptable, d'autant plus que la connaissance est identique à l'essence divine, selon Ockham.

[Quartus articulus]

Quarto arguitur quod Deus habeat limitatam scientiam necessariam de futuris contingentibus[a][1].

[Argumenta in oppositum cum solutionibus eorum]

Quia sequitur « Deus scit *a* immutabiliter, igitur necessario ». Consequentia probatur, quia non ponitur in Deo nisi necessitas immutabilitatis, igitur quidquid est in eo immutabiliter, est in eo necessarium.

Dico quod hoc potest intelligi dupliciter : uno modo, quod scientia Dei qua sciuntur futura contingentia sit necessaria. Et hoc est verum, quia ipsa essentia divina est unica cognitio necessaria et immutabilis omnium tam complexorum quam incomplexorum, necessariorum et contingentium. Secundo modo, quod per illam scientiam sciantur necessario futura contingentia. Et sic non est necessaria, nec debet concedi quod Deus habeat scientiam necessariam de futuris contingentibus sed potius contingentem, quia sicut hoc futurum contingens contingenter erit, ita Deus scit ipsum contingenter fore, quia potest non scire ipsum fore, si ipsum scit[b].

Tunc ad argumentum dico quod consequentia non valet, quia quamvis ipsa scientia sit immutabilis, et obiectum scitum – scilicet futurum contingens – sit immutabile sic quod non potest esse primo verum et postea falsum,

a. Scot, *Ordinatio* I, d. 39, q.u., n. 5 ; Ockham *Ordinatio* d. 38, q.u., voir *infra*, p. 204 *sq.*

b. Le texte devrait dire que Dieu sait de manière contingente que le futur sera (*scit contingenter ipsum fore*), et non simplement qu'il sait que le futur sera de manière contingente (*scit ipsum contingenter fore*), puisqu'Ockham veut défendre la contingence de la science divine et non simplement le fait que Dieu connaît les futurs contingents.

[Quatrième article]

Quatrièmement, on soutient que Dieu a une science nécessaire limitée des futurs contingents [1].

[Arguments en sens contraire et solution]
(*Premièrement*)

La conséquence est bonne qui dit « Dieu sait *a* de manière immuable, donc il le sait nécessairement ». Preuve de la conséquence : on ne pose en Dieu qu'une nécessité d'immutabilité, donc tout ce qui est en lui de manière immuable s'y trouve de manière nécessaire.

Je dis que cela peut être compris de deux façons : premièrement, au sens où la science par laquelle Dieu connaît les futurs contingents est nécessaire. Et cela est vrai, car l'essence divine est une connaissance nécessaire et immuable unique de toutes choses, aussi bien des complexes <propositionnels> que des incomplexes, des nécessaires que des contingents. Deuxièmement, au sens où par cette science il connaît les futurs contingents de manière nécessaire. En ce sens elle n'est pas nécessaire, et il ne faut pas concéder que Dieu a une science nécessaire des futurs contingents mais plutôt une science contingente, car de même que ce futur contingent sera de manière contingente, Dieu sait également qu'il sera de manière contingente, car il peut ne pas savoir qu'il sera, même s'il le sait.

Je réponds donc à l'argument que la conséquence n'est pas valide, car, bien que la science <de Dieu> soit immuable, et que l'objet connu – à savoir le futur contingent – soit immuable de sorte qu'il ne peut pas être d'abord vrai et ensuite faux,

---

1. Tandis que les trois articles précédents défendaient l'attribution de la propriété que l'objection refusait au savoir divin, celui-ci va en sens inverse : l'objection défend la nécessité de la science divine, et Ockham le conteste.

sicut frequenter dictum est[a], non tamen sequitur quod necessario Deus scit illud sed contingenter, quia licet ipsum *a* non
possit mutari de veritate in falsitatem, nec e converso, tamen
est contingens, et ita potest esse falsum et per consequens non
sciri a Deo, et ita contingenter scitur a Deo et non necessario.
Est igitur ibi fallacia consequentis, quia sequitur e converso et
non sic. Similiter hic est fallacia consequentis : *a* non potest
esse primo verum et postea falsum, igitur non potest esse
falsum ; quia sequitur e converso et non sic.

Et quando probatur consequentia, quod ibi non est necessitas nisi immutabilitatis, concedo, quia alii modi necessitatis,
scilicet coactionis etc., non ponuntur in Deo propter imperfectionem. Et ideo bene sequitur « ibi est necessarium, igitur
est immutabile », et non e converso, quia omne necessarium est
immutabile, et non e converso, nisi loquendo de illis immu-
tabilibus quae sunt ipse Deus. Multa enim complexa sciuntur a
Deo immutabilia, quae tamen non sunt necessaria sed
simpliciter contingentia.

Secundo arguitur sic : omne possibile est mutabile, igitur
omne immutabile est necessarium ; sed scientia Dei est immutabilis ; igitur etc. Vel sic : hoc est mutabile, igitur est
contingens ; igitur similiter : hoc est immutabile, igitur est
necessarium, – per illam regulam : si oppositum de opposito,
et propositum de proposito [1].

---

a. Voir par exemple art. 3 *Cinquièmement*. Il convient de préciser que le
changement de valeur de vérité envisagée ici devrait survenir avant le moment
où est censé se réaliser le futur contingent (car sinon, il est clair qu'une proposition sur le futur peut devenir fausse une fois arrivé le temps auquel elle fait
référence).

comme on l'a dit fréquemment, il ne s'ensuit cependant pas que Dieu le connaisse nécessairement, mais seulement qu'il le connaisse de manière contingente, car, bien que cet *a* ne puisse pas passer de la vérité à la fausseté, ni inversement, il est cependant contingent, et peut ainsi être faux, et ne pas être connu de Dieu, et il sera alors connu de Dieu de manière contingente et non nécessaire. Il y a en effet un sophisme du conséquent dans : « *a* ne peut pas être d'abord vrai et ensuite faux, donc il ne peut pas être faux » ; car c'est seulement la conséquence inverse qui est valide.

Et quand on prouve la conséquence, j'accorde qu'il n'y a pas en Dieu de nécessité sinon celle de l'immutabilité, car les autres modes de la nécessité, à savoir la nécessité de contrainte, etc., ne peuvent être posés en Dieu en raison de l'imperfection <qu'elles entraînent>. C'est pourquoi cette conséquence est bonne : « il y a en Dieu du nécessaire, donc de l'immuable », mais non l'inverse, car tout nécessaire est immuable, mais non l'inverse, sinon lorsque l'on parle des réalités immuables qui sont Dieu lui-même. Beaucoup de complexes immuables sont en effet connus de Dieu, qui ne sont pas nécessaires, mais absolument contingents.

Deuxièmement

On argumente ainsi : tout ce qui est possible est muable, donc tout immuable est nécessaire ; mais la science de Dieu est immuable ; donc etc. Ou encore ainsi : ceci est muable, donc c'est contingent ; donc, de la même manière : ceci est immuable, donc c'est nécessaire, – en vertu de cette règle : si l'opposé d'une chose peut être inféré de l'opposé d'une autre chose, alors la première chose peut être inférée de la seconde [1].

---

1. Cette règle est fausse si on la prend de manière générale, la réponse va montrer selon quelle restriction elle est valide.

Dico ad illam quod consequentia non valet. Ad regulam dico quod habet intelligi quando arguitur ex opposito consequentis ad oppositum antecedentis[1]; sed hic arguitur e converso, et ideo est fallacia consequentis[2].

Tertio sic : quidquid potest esse in Deo de necessitate est Deus, quia est immutabilis; sed scire *a* potest esse in Deo; igitur necessario est in Deo, igitur necessario scit *a*.

Dico quod illud quod est in Deo vel potest esse in eo formaliter[3] necessario est Deus; sed scire *a* non est sic in Deo sed tantum per praedicationem, quia est quidam conceptus vel nomen quod [aliquando] praedicatur de Deo et aliquando non. Et non oportet quod sit Deus, quia hoc nomen « Dominus » praedicatur de Deo contingenter et ex tempore et tamen non est Deus[a].

Quarto sic : omnis perfectio simpliciter est in Deo necessario; sed scire *a* est huiusmodi; ergo etc. Minor probatur, quia aliter Deus non esset perfectus si nesciret *a*, quia non est imperfectus nisi propter carentiam alicuius perfectionis simpliciter; igitur necessario scit *a*.

Dico quod aliquando accipitur perfectio simpliciter pro perfectione quae est Deus, cui non potest addi alia perfectio. Et sic « scire *a* » non est perfectio

---

a. Comparer avec la q. 1 obj. 5

1. Il s'agit de la règle de contraposition.

2. Le sophisme du conséquent consiste à inférer l'antécédent d'une conséquence valide à partir de son conséquent. Ockham l'étudie dans la *Somme de logique* (III-4, 12) et dans son commentaire des *Réfutations sophistiques* (I, 10), puisque c'est Aristote qui l'a identifié dans cet ouvrage (voir chap. 5-6).

Je réponds à cet argument que la conséquence n'est pas valide. Quant à la règle, je dis qu'il faut la comprendre comme s'appliquant à une inférence allant de l'opposé du conséquent à l'opposé de l'antécédent[1], mais ici l'argument va en sens inverse, et il y a donc un sophisme du conséquent[2].

Troisièmement

Tout ce qui peut être en Dieu est nécessairement Dieu, car il est immuable; mais savoir *a* peut être en Dieu; donc cela est nécessairement en Dieu, donc il sait nécessairement *a*.

Je dis que ce qui est en Dieu ou peut y être formellement[3] est nécessairement Dieu; mais savoir *a* n'est pas en Dieu de cette façon, mais seulement par prédication, car c'est un certain concept ou nom qui est <parfois> prédiqué de Dieu et parfois non. Il ne faut donc pas que ce soit Dieu, car le nom « Seigneur » est prédiqué de Dieu de manière contingente et temporelle et n'est pourtant pas Dieu.

Quatrièmement

Toute perfection absolue est nécessairement en Dieu; mais savoir *a* est de ce type; donc etc. Preuve de la mineure : Dieu ne serait pas parfait s'il ignorait *a*, car il n'est imparfait que s'il manque d'une perfection absolue; donc il sait nécessairement *a*.

Je dis que parfois on entend par perfection absolue une perfection qui est Dieu, à qui on ne peut ajouter aucune autre perfection. En ce sens « savoir *a* » n'est pas une perfection

---

3. Comprendre : ce qui est une propriété, un attribut, intrinsèque de Dieu. Ockham pourrait ici adopter, pour les besoins de l'argument, la thèse de Scot, selon qui les attributs divins se distinguent entre eux et sont présents dans l'essence divine, *formaliter*, et non *realiter*. Ce ne sont pas des choses, mais leur distinction et leur présence ont un *fundamentum in re*, de sorte qu'elles ne sont pas seulement *de raison*.

simpliciter, quia est conceptus vel vox. Aliquando accipitur pro aliquo conceptu, ex cuius negatione ab aliquo sequitur ipsum esse imperfectum. Et sic adhuc « scire *a* » non est perfectio simpliciter, quia non sequitur « Deus non scit *a*, igitur Deus est imperfectus », quia si *a* sit falsum, tunc Deus non scit *a*.

Si dicatur : sequitur « Deus non scit *a*, *a* est verum, igitur Deus est imperfectus », concedo quod si ambae praemissae sint verae quod tunc sequitur conclusio. Sed ex veritate primae praemissae non sequitur aliqua imperfectio in Deo, quod tamen requiritur ad hoc quod esset perfectio simpliciter. Exemplum : ex veritate istarum duarum « Deus non est dominus » et « homo est servus » sequitur imperfectio in Deo, scilicet quod non sit dominus cuiuslibet servi ; sed ex prima praemissa nulla sequitur imperfectio in Deo, quia posito quod nulla creatura sit, tunc non sequitur « Deus non est Dominus, est igitur imperfectus ».

Quinto sic : omne scitum a Deo fore necessario erit ; *a* est scitum a Deo fore ; igitur *a* necessario erit. Maior est de necessario, quia praedicatum necessario inest subiecto ; et minor est de inesse simpliciter, quia est vera pro aeternitate ; igitur sequitur conclusio de necessario.

Dico quod maior est falsa, quia exprimit sensum divisionis, et multa scita a Deo fore contingenter erunt et non necessario, et ideo sequitur conclusio falsa. Si autem maior accipiatur in sensu compositionis, ita quod haec sit necessaria « omne scitum a Deo [fore] erit », tunc mixtio

absolue, car c'est un concept ou un mot. Parfois on entend par
perfection absolue un concept, dont la négation à propos d'une
chose entraîne que cette chose est imparfaite. Et ainsi « savoir
a » n'est pas non plus une perfection absolue, car cette conséquence n'est pas bonne : « Dieu ne sait pas *a*, donc Dieu est
imparfait », car si *a* est faux, alors Dieu ne sait pas *a*.

Si l'on dit : cette conséquence est bonne « Dieu ne sait pas
a, *a* est vrai, donc Dieu est imparfait », j'accorde que si les deux
prémisses sont vraies la conclusion s'ensuit. Mais de la vérité
de la première prémisse il ne s'ensuit aucune imperfection en
Dieu, ce qui est pourtant requis pour que « savoir *a* » soit une
perfection absolue. Exemple : de la vérité de ces deux propositions, « Dieu n'est pas (le) Seigneur » et « l'homme est serviteur », il s'ensuit une imperfection en Dieu, à savoir qu'il n'est
pas le seigneur de tout serviteur ; mais de la première prémisse
ne suit aucune imperfection en Dieu, car si l'on suppose qu'il
n'y a aucune créature, alors cette conséquence n'est pas bonne,
« Dieu n'est pas (le) Seigneur, donc il est imparfait ».

Cinquièmement

Tout ce dont Dieu sait que cela sera sera nécessairement,
Dieu sait que *a* sera, donc *a* sera nécessairement. La majeure
est une proposition de nécessité, car le prédicat inhère nécessairement dans le sujet ; et la mineure est une proposition
d'inhérence absolue, car elle est vraie pour l'éternité ; donc il
s'ensuit une conclusion nécessaire.

Je dis que la majeure est fausse, car elle exprime le sens
divisé, et beaucoup de choses dont Dieu sait qu'elles seront
seront de manière contingente et non nécessairement, de sorte
que c'est une conclusion fausse qui s'ensuit. Mais si on prend
la majeure au sens composé, de sorte que soit vraie cette proposition « tout ce dont Dieu sait que cela sera sera », alors l'infé-

non valet, quia minor est de inesse ut nunc, et ideo non sequitur conclusio[1].

[Quaestio III : *Quomodo potest salvari contingentia voluntatis creatae et increatae in causando aliquid extra ?*]

Tertium dubium : quomodo potest salvari contingentia voluntatis creatae et increatae in causando aliquid extra, utrum scilicet voluntas ut prior naturaliter actu causato possit causare actum oppositum in eodem instanti in quo causat actum illum, vel in alio instanti sequenti possit causare actum oppositum vel cessare ab actu illo causato ?

[Opinio Scoti]

Dicit hic Scotus quod in voluntate creata est duplex potentia ad opposita : una manifesta, et illa est ad opposita obiecta sive ad oppositos actus cum successione, ita quod potest velle aliquid in *a* instanti et non velle illud sive nolle illud in *b* instanti. Alia est potentia non manifesta, quae est ad opposita sine successione. Imaginatur enim quod in eodem instanti temporis sunt plura instantia naturae, et tunc si esset nunc voluntas creata et tantum maneret per unum instans et vellet tunc aliquod obiectum contingenter, quod voluntas ipsa ut prior naturaliter ista volitione habet potentiam ad oppositum actum pro eodem instanti durationis in quo ponitur ille actus : ut

rence mixte n'est pas bonne, car la mineure est une proposition d'inhérence relative à un temps, et la conclusion ne suit donc pas[1].

[Question 3 : *Comment peut-on sauver la contingence de la volonté créée et de la volonté incréée quand elle cause quelque chose au dehors ?*]

Troisième doute : comment peut-on sauver la contingence de la volonté créée et de la volonté incréée dans la production causale de quelque chose en dehors <d'elles>? Autrement dit : la volonté, en tant qu'elle est antérieure, selon une antériorité de nature, à l'acte qu'elle a causé, peut-elle causer un acte opposé à celui-ci, dans le même instant où elle le cause, ou peut-elle causer dans l'instant suivant un acte opposé ou cesser l'acte qu'elle cause ?

[Opinion de Scot]

Scot dit sur ce point qu'il y a dans la volonté créée une double puissance des opposés : l'une est manifeste, celle qui est à l'égard d'objets opposés, ou d'actes opposés successivement, de telle sorte qu'elle peut vouloir quelque chose dans l'instant *a* et ne pas la vouloir ou la refuser dans l'instant *b*. L'autre puissance n'est pas manifeste, et porte sur les opposés sans succession. Il imagine en effet que dans le même instant de temps il y a plusieurs instants de nature, de sorte que si une volonté créée existait maintenant et ne demeurait qu'un instant et voulait alors un objet de manière contingente, cette volonté en tant qu'elle est naturellement antérieure à cette volition, aurait une puissance à l'égard de l'acte opposé dans le même instant de durée que celui où l'on pose cet acte : en tant que

1. Sur les inférences contenant des prémisses modales, voir *supra*, p. 119.

prior naturaliter potest nolle illud pro illo instanti[a]. Et ideo vocatur ista potentia non manifesta, quia est ad oppositos actus pro eodem instanti temporis sine omni successione[b].

[Contra opinionem Scoti]

Contra illam opinionem : illa potentia quae per nullam potentiam potest reduci ad actum non est potentia realis nec realiter ponenda ; haec potentia non manifesta est huiusmodi ; ergo etc. Minor probatur, quia si sic, tunc haec est vera pro *a* instanti « voluntas vult hoc » ; sed per te pro eodem instanti respectu non velle potest reduci ad actum ; ergo pro eodem instanti istae essent simul verae : « voluntas vult hoc », « voluntas non vult hoc », et sic contradictoria erunt simul vera[1].

Si dicatur quod si reducatur ad actum ita quod haec sit vera « voluntas pro *a* instanti non vult hoc », tunc sua opposita erit falsa « voluntas vult hoc in a instanti », – sicut secundum te quamvis haec modo sit vera « Petrus salvabitur », si tamen ponatur quod Petrus damnetur, haec tunc est vera « Deus non vult Petro beatitudinem ».

Contra : omnis propositio mere de praesenti, si sit vera, habet aliquam de praeterito necessariam[2] ; sed haec « voluntas vult hoc in *a* instanti » est vera per positum et est mere de praesenti ; igitur haec erit semper postea necessaria

---

a. *Pro* n'a pas de sens clairement distinct de *in* dans ce contexte

b. *Ord.* I, d. 38, p. 2, d. 39, q. 1-5, voir introduction, *supra*, p. 24-25 et Ockham *Ordinatio* d. 38, q.u., *infra*, p. 195.

1. Scot prétendait distinguer, à propos de la puissance non manifeste, le sens composé (faux) et le sens divisé (vrai) de « p et il est possible que non-p ». Ockham semble, tout au long de la réponse, soutenir que cette distinction ne permet pas de sauver l'idée d'une contingence du présent. Dire que non-p peut

naturellement antérieure, elle peut refuser cet acte dans le même instant. On dit que c'est une puissance non manifeste pour la raison qu'elle porte sur des actes opposés dans le même instant de temps, sans succession.

[Contre l'opinion de Scot]

Contre cette opinion : la puissance qui ne peut être actualisée par aucune puissance n'est pas une puissance réelle, et ne doit pas être posée en réalité ; or cette puissance non manifeste est de ce type ; donc, etc. Preuve de la mineure : si elle pouvait être actualisée, alors dans l'instant a cette proposition serait vraie : « la volonté veut ceci » ; mais selon toi, dans le même instant elle peut être actualisée à l'égard du non vouloir, donc dans le même instant, ces deux propositions seraient vraies ensemble : « la volonté veut ceci », « la volonté ne veut pas ceci », et les contradictoires seraient vrais simultanément [1].

Si on dit que, la volonté étant actualisée, cette proposition serait vraie : « la volonté dans l'instant a ne veut pas ceci », alors son opposée sera fausse : « la volonté veut ceci dans l'instant a », – de même selon toi, bien que cette proposition soit maintenant vraie : « Pierre sera sauvé », si on posait que Pierre était damné, alors celle-ci serait vraie : « Dieu ne veut pas la béatitude pour Pierre ».

Contre cela : toute proposition absolument sur le présent, si elle est vraie, a une proposition <correspondante> sur le passé nécessaire [2] ; mais celle-ci, « la volonté veut ceci dans l'instant a », est vraie selon l'hypothèse et porte absolument

être vraie alors que p l'est et que les deux portent sur le présent conduit à dire qu'il est possible que les deux soient vraies en même temps.

2. C'est le principe qui sert à la réfutation : Scot admet la nécessité du passé, et il doit admettre, selon Ockham, que toute proposition sur le présent donne lieu à une proposition correspondante sur le passé, donc nécessaire, une

« voluntas voluit hoc in a instanti » ; igitur post *a* instans ista non potest esse vera « voluntas non voluit hoc in *a* instanti ».

Confirmatur : si post *a* haec semper fuit necessaria « voluntas voluit hoc pro *a* instanti », igitur post *a* sua opposita semper fuit impossibilis ; et ultra : igitur post *a* semper fuit et erit verum dicere quod haec propositio non potuit esse vera in *a* « voluntas non vult hoc oppositum », quia tunc sua opposita fuit vera, haec scilicet « voluntas voluit hoc pro *a* instanti ». Responsio igitur consistit in hoc, quia si voluntas vult hoc in *a*, post *a* erit semper haec necessaria « voluntas voluit hoc in *a* », et tunc si sua potentia non manifesta posset reduci ad actum in *a* instanti, vel contradictoria erunt simul vera post *a* instans, vel post *a* illa propositio quae est necessaria de praeterito, quia habuit aliquam mere de praesenti veram, erit falsa, quia sua opposita erit vera. Nec valet ista instantia quando dicitur « haec modo est vera : Petrus salvabitur », quia illud est futurum contingens et in talibus non habet praedicta propositio veritatem, quia omnis propositio de praesenti etc.

Sed dices : angelus, secundum te, in primo instanti suae creationis potest peccare. Tunc sic[a] : numquam peccat aliquis nisi pro illo instanti pro quo peccans habet actum suum in potestate sua, ita quod potest pro eodem instanti actum illum non eli-

<hr>

a. Il s'agit de l'objection qu'Ockham rapporte d'abord à la deuxième personne (« tu diras »).

sur le présent; donc celle-ci sera toujours nécessaire ensuite :
« la volonté a voulu ceci dans l'instant *a* »; donc après l'instant
a cette autre ne peut pas être vraie : « la volonté n'a pas voulu
ceci dans l'instant *a* ».

Confirmation : si après *a* cette proposition a toujours été
nécessaire : « la volonté a voulu ceci dans l'instant *a* », alors
après *a* son opposée a toujours été impossible; et, en outre,
après *a* il a toujours été et il sera toujours vrai de dire que la
proposition « la volonté ne veut pas cet opposé » n'a pas pu être
vraie en *a*, car alors son opposée a été vraie, à savoir « la
volonté a voulu ceci dans l'instant *a* ». La *réponse* consiste donc
en ce que, si la volonté veut ceci dans l'instant *a*, après *a* la
proposition « la volonté a voulu ceci en *a* » sera toujours
nécessaire, et alors si sa puissance non manifeste peut être
actualisée en l'instant *a*, ou bien des contradictoires seront
vraies ensemble après l'instant *a*, ou bien après *a* la proposition
qui est nécessaire sur le passé, puisqu'elle a une proposition
<correspondante> portant absolument sur le présent et vraie,
sera fausse, car son opposée sera vraie. Et *l'objection* qui dit
« celle-ci est vraie maintenant : «Pierre sera sauvé» » ne vaut
pas, car c'est un futur contingent, et dans ces cas la proposition
précédente n'est pas vraie, car toute proposition sur le présent,
etc. <a une proposition correspondante sur le passé qui est
nécessaire>.

Mais *tu diras* : l'ange, d'après toi, peut pécher au premier
instant de sa création. Alors <on argumente> ainsi : nul
ne pèche si ce n'est dans l'instant où il a son acte en son
pouvoir de sorte qu'il peut en cet instant ne pas le choisir.

---

fois passé le présent en question. Conclusion : une fois ce temps passé, il ne peut
pas avoir été vrai qu'au moment où la proposition au présent était vraie son
opposé ait été possible.

cere. Quia da oppositum, quod non posset illum actum pro illo instanti non elicere, cum « non possibile non » aequipolleat « necesse esse », sequitur quod in illo instanti necessario elicit actum illum et sic non peccat.

Responsio : hoc supposito, dico quod habet actum in potestate sua, quia potest cessare in alio instanti, ita quod pro uno instanti est haec vera « voluntas vult », et pro alio instanti haec est vera « voluntas non vult ». Et dico quod potest illum actum non elicere in *a* instanti, quia *a* corrupto, est haec vera « voluntas illum actum potest non elicere in *a* », quia potest post *a* cessare ab omni actu et *a* est tunc corruptum et haec tunc est vera « voluntas non elicit illum actum in *a* »[a].

Si dicatur : stante *a* et actu elicito, non potest voluntas illum actum non elicere, igitur in *a* necessario elicit propter aequipollentiam, dico quod consequentia non valet, quia aequipollentia secundum sententiam Philosophi debet intelligi in propositionibus absolutis, nulla facta suppositione[1] ; aliter sequerentur multa inconvenientia contra Philosophum.

---

a. Le texte est difficilement compréhensible, et Adams le tient pour corrompu. Elle propose de distinguer deux instants, de sorte qu'Ockham voudrait dire : « il peut dans l'instant *b* ne pas choisir cet acte, car une fois *a* détruit, cette proposition est vraie "la volonté peut en *b* ne pas choisir cet acte", car elle peut après *a* arrêter tout acte, et *a* est alors corrompu, et il est alors vrai de dire "la volonté ne choisit pas cet acte en *b*" ». Il faut néanmoins remarquer que cette correction rend seulement compte de la possibilité d'un changement de volonté, pas d'un véritable pouvoir de choix entre deux options.

En effet, admettons l'opposé, qu'il ne puisse pas ne pas choisir cet acte dans cet instant, puisque « il n'est pas possible que… ne… pas » est équivalent à « il est nécessaire que … », il s'ensuit que dans cet instant il choisit nécessairement cet acte et ainsi ne pèche pas.

Réponse : cela supposé, je dis qu'il a son acte en son pouvoir, parce qu'il peut l'arrêter dans un autre instant, de sorte que dans un certain instant cette proposition serait vraie : « la volonté veut », et dans un autre instant c'est celle-ci qui serait vraie : « la volonté ne veut pas ». Et je dis qu'il peut ne pas choisir cet acte dans l'instant *a*, car une fois *a* détruit, cette proposition est vraie : « la volonté peut ne pas choisir cet acte en *a* », car elle peut après *a* arrêter tout acte, et *a* étant alors passé, il est alors vrai de dire « la volonté ne choisit pas cet acte en *a* ».

Si on dit : *a* étant posé avec l'acte choisi, la volonté ne peut pas ne pas choisir cet acte, donc elle choisit nécessairement en *a* en raison de l'équivalence, *je dis* que la conséquence n'est pas valable, car l'équivalence doit être comprise pour les propositions absolues selon la doctrine du Philosophe, sans faire de supposition[1]; autrement il s'ensuivrait de nombreuses conséquences impossibles contre le Philosophe.

---

1. L'objection prétend que l'on peut admettre l'équivalence entre « si p, alors il n'est pas possible que non-p » et « si p, alors nécessairement p », puisque « il n'est pas possible que non » équivaut à « nécessairement ». Ockham répond que l'équivalence ne vaut pas dès que l'on fait une supposition (« si p ») commandant l'opérateur modal. Mais on peut placer la supposition dans la portée de l'opérateur. La bonne équivalence serait celle entre « il n'est pas possible que si p alors non p » et de « nécessairement si p alors p ». Voir Aristote, *De l'interprétation* 12-13.

[Responsio auctoris]

Ideo aliter dico ad istud dubium quod in creaturis numquam est potentia ad opposita obiecta nec ad oppositos actus sine successione, nec in divinis respectu illorum quae non sunt futura contingentia. Et ideo quantum ad illam potentiam non manifestam in voluntate sine successione non teneo eum, quia in omnibus illis instantibus naturae errat [1].

Sed quomodo tunc salvabitur contingentia voluntatis respectu voliti ab ea? Respondeo quod voluntas Dei ad extra et voluntas creata in illo instanti in quo agit contingenter agit. Sed hoc potest intelligi tripliciter : uno modo quod ipsa prius duratione exsistens ante a instans in quo causat, potest libere et contingenter causare vel non causare in a; et iste intellectus est verus si voluntas sic praeexsistat. Secundo modo potest intelligi quod in eodem instanti in quo causat sit verum dicere quod non causat; et iste intellectus non est possibilis propter contradictoria quae sequuntur, scilicet quod causat in a et non causat in a [2]. Tertio modo potest intelligi « contingenter causare in a », quia libere sine omni variatione et mutatione adveniente sibi vel alteri causae, et sine cessatione alterius causae potest cessare in alio instanti post a ab actu suo, ita quod in a instanti sit haec vera « voluntas causat », et in alio instanti post a

[Réponse de l'auteur]

C'est pourquoi je réponds autrement à ce doute et dis que dans les créatures il n'y a jamais de puissance à l'égard d'objets ou d'actes opposés sans succession, et il n'y en a pas non plus en Dieu à l'égard des réalités qui ne sont pas des futurs contingents. C'est pourquoi je ne suis pas d'accord avec lui quant à cette puissance non manifeste dans la volonté sans succession, car il se trompe sur tous ces instants de nature [1].

Mais comment la contingence de la volonté à l'égard de ce qui est voulu par elle sera-t-elle sauvée? Je réponds que la volonté de Dieu portant sur ce qui lui est extérieur et la volonté créée agissent de manière contingente dans l'instant où elles agissent. Mais cela peut être compris de trois façons : premièrement, au sens où, existant antérieurement selon la durée à l'instant a où elle cause, elle peut librement et de manière contingente causer ou ne pas causer en a; et cette compréhension est vraie si la volonté préexiste ainsi <à son acte>. Deuxièmement, on peut comprendre que dans le même instant où elle cause, il soit vrai de dire qu'elle ne cause pas; et cette compréhension n'est pas possible en raison des contradictions qui s'ensuivent, à savoir que la volonté cause en a et ne cause pas en a [2]. Troisièmement, on peut comprendre « causer de manière contingente en a » au sens où librement, sans variation ni changement qui l'affecte, ni sans autre cause, et sans qu'une autre cause cesse d'agir, elle peut arrêter son acte dans un autre instant après a, de sorte que dans l'instant a cette proposition soit vraie : « la volonté cause », et dans un autre instant après a

1. Sur cette critique des instants de nature de Scot, cf. *Ordinatio* I, d. 9, q. 3 (OTh III, p. 294-298).
2. Ce deuxième sens serait celui de Scot, et l'on voit qu'Ockham n'admet pas de distinction entre le sens composé et le sens divisé de « p et p peut être faux » dès lors que p porte sur le présent.

sit haec vera « voluntas non causat »; et sic voluntas
contingenter causat in *a*, non sic autem naturalis causa
contingenter causat[1].

[Quaestio IV : *Utrum in praedestinato sit aliqua causa
　　　praedestinationis et in reprobato aliqua
　　　causa reprobationis*]

Quartum dubium est utrum in praedestinato sit aliqua
causa praedestinationis et in reprobato aliqua causa
reprobationis[a].

Quod non sit causa praedestinationis probatur, quia parvuli
baptizati salvantur, et tamen numquam habuerunt merita,
igitur etc.

Item, in angelis praedestinatis non videtur praecedere
meritum, igitur etc.

[Responsio auctoris]

Dico quod tam in praedestinatis quam in reprobatis est
aliqua causa praedestinationis et reprobationis, accipiendo
causam secundo modo dictam in nona suppositione, sed non
primo modo. Nam ista consequentia est bona « iste peccat
finaliter, ergo reprobabitur », similiter ista « iste perseverabit
finaliter, ergo praedestinabitur ». Quia sicut Deus non prius est
ultor quam aliquis sit peccator[b], ita non prius est remunerator
quam aliquis sit iustificatus per gratiam.

Cum hoc tamen dico quod causa reprobationis et
praedestinationis potest praecedere in praedestinato vel

a. C'est la question soulevée par Scot *Ord*. I, d. 41, q.u. n. 11 *sq.*; Ockham
Ord. d. 40, q. 1.

b. Sur cette formule, voir Augustin, *Le Genèse au sens littéral* XI, c. 17,
n. 22 (« Numquid ille prius ultor quam iste peccator? Absit. Neque enim Deus
damnat innocentes »).

cette autre soit vraie : « la volonté ne cause pas » ; et ainsi la volonté cause de manière contingente en *a*, alors que la cause naturelle ne cause pas ainsi de manière contingente [1].

[Question 4 : *Y a-t-il dans le prédestiné une cause*
de sa prédestination et dans le réprouvé
une cause de sa réprobation ?]

Le quatrième doute porte sur la question de savoir s'il y a dans le prédestiné une cause de sa prédestination et dans le réprouvé une cause de sa réprobation.

Voici la preuve qu'il n'y a pas de cause de la prédestination : les petits enfants baptisés sont sauvés, et pourtant ils n'ont eu aucun mérite, donc, etc.

De même, chez les anges prédestinés, il ne semble pas qu'un mérite précède la prédestination. Donc, etc.

[Réponse de l'auteur]

Je dis qu'aussi bien dans les prédestinés que dans les réprouvés, il y a une cause de la prédestination et de la réprobation, en entendant « cause » au second sens indiqué dans la neuvième supposition, mais non au premier sens. Car cette conséquence est bonne : « celui-ci pèche finalement, il sera donc réprouvé », de la même façon cette conséquence-ci : « celui-là persévèrera finalement, donc il sera prédestiné ». Car tout comme Dieu ne châtie pas avant que quelqu'un ne pèche, il n'est pas non plus rémunérateur avant que l'on ne soit justifié par la grâce.

Je dis alors que la cause de la réprobation et de la prédestination peut être antérieure dans le prédestiné, dans le

1. La contingence du choix en *a* semble liée à un pouvoir des opposés situés après *a*, autrement dit la persévérance dans le choix ou sa cessation

reprobato vel in parentibus, sicut parvulus decedens in originali peccato punitur poena damni propter peccatum parentum, sed non poena sensus nisi propter propria[1]. Similiter propter bona opera parentum potest puer baptizatus salvari et sic per consequens praedestinari.

Tamen forte causa praedestinationis capit instantiam in Beata Virgine et in angelis bonis, si non meruerunt suam beatitudinem; si autem finaliter meruerunt, non capit instantiam[2].

Et sic patet ad duo argumenta.

[Quaestio V : *Utrum una istarum propositionum « Petrus est praedestinatus », « Petrus est damnatus » possit alteri succedere in veritate*]

Quintum dubium est : ex quo istae propositiones « Petrus est praedestinatus », « Petrus est damnatus » sunt oppositae, quare una non potest alteri succedere in veritate ?

[Responsio auctoris]

Dico, sicut patet ex praecedentibus, quod si illae propositiones sint simpliciter de futuro, non importantes aliquod praesens positum in effectu nec aliquod praeteritum, non possunt successive verificari nisi ista « Petrus est praedestinatus » esset primo vera et postea falsa; sed hoc est impossibile. Quia sicut dictum est prius[a], omnis propositio simpliciter de futuro, si semel sit vera, semper fuit vera, quia

a. Voir q. 2, *supra*, p. 126-127.

réprouvé, ou dans les parents, car le petit enfant qui meurt dans le péché originel est puni de la peine de dam en raison du péché des parents, mais non de la peine de sens, sinon pour ses fautes propres[1]. De la même manière, en raison des bonnes œuvres de ses parents, l'enfant baptisé peut être sauvé, et par conséquent être prédestiné.

Pourtant la cause de la prédestination admet peut-être une exception dans la Bienheureuse Vierge et chez les bons anges, s'ils n'ont pas mérité leur béatitude. Mais s'il l'ont finalement méritée, elle n'admet pas d'exception[2].

On voit ainsi la réponse aux deux arguments.

[Question 5 : *Est-ce qu'il peut y avoir une succession
dans la vérité des deux propositions « Pierre
est prédestiné » et « Pierre est sauvé » ?*]

Le cinquième doute est celui-ci : étant donnée l'opposition des deux propositions «Pierre est prédestiné», «Pierre est damné», pourquoi l'une ne peut-elle succéder à l'autre dans la vérité?

[Réponse de l'auteur]

Je dis, comme on le voit par ce qui précède, que si ces propositions portent absolument sur le futur, sans rien impliquer de présent posé en réalité, ni rien de passé, elles ne peuvent être vérifiées successivement que si «Pierre est prédestiné» était d'abord vraie puis fausse; mais cela est impossible. Car, comme on l'a dit plus haut, toute proposition portant absolument sur le futur, si elle est vraie une fois, l'a toujours été, car il

1. La peine de dam est la privation (éternelle) de la vision de Dieu. La peine de sens est la peine attachée au corps ressuscité et comparée à un feu.

2. Sur ces exceptions, voir introduction, *supra*, p. 66-67 et *Ordinatio* d. 41, q.u., *infra*, p. 225-247.

non est maior ratio quare magis sit vera in uno tempore quam in alio. Et per consequens, cum tales propositiones « Petrus est praedestinatus », etc. sint aequivalenter de futuro simpliciter, si istae propositiones possent sic verificari, et constat quod non possunt esse simul verae, quia inferunt contradictoria esse simul vera, igitur si haec sit modo vera « Petrus est reprobatus », cum sit de futuro simpliciter – ponamus – semper fuit vera, et per consequens fuit vera quando sua opposita fuit vera, et sic contradictoria simul essent vera.

Confirmatur, quia propositiones non mutantur de veritate in falsitatem nisi propter mutationem rei, secundum Philosophum in *Praedicamentis*[a]. Sed nulla mutatio est in Deo nec in Petro nec in quacumque alia re quare haec est primo vera « Petrus est praedestinatus » et postea falsa. Et hoc dico ut sit simpliciter de futuro et ante beatitudinem collatam. Sicut si haec sit modo vera « tu sedebis cras », nulla mutatione facta in te vel in quocumque alio, non potes facere illam propositionem falsam ante diem crastinum, ita quod sit verum dicere : haec propositio « tu sedebis cras » prius fuit vera et modo est falsa. Igitur impossibile est quod istae propositiones sic mutentur de veritate in falsitatem.

Si dicas quod si hodie corrumparis, tunc est haec falsa « tu sedebis cras », et prius fuit vera per te, igitur propter talem mutationem in te potest haec propositio mutari de veritate in falsitatem ; et eodem modo si Petrus sit modo praedestinatus et postea moriatur in finali impoenitentia, erit tunc reprobatus ;

a. Cf. *Exp. In libr. Praedicamentorum Aristot.*, c. 9, § 14 (OPh II, p. 202); *SL* I, 43 (OPh I, p. 129).

n'y a pas de raison pour qu'elle soit davantage vraie dans un temps que dans un autre. Par conséquent, puisque des propositions comme « Pierre est prédestiné », etc., sont équivalentes à des propositions absolument sur le futur, si ces propositions pouvaient être vérifiées, alors qu'il est établi qu'elles ne peuvent pas être vraies ensemble (car on pourrait en inférer que des contradictoires seraient vraies ensemble), alors, si cette proposition « Pierre est réprouvé » est vraie maintenant, comme elle porte absolument sur le futur – on l'admet – elle a toujours été vraie, et par conséquent elle a été vraie quand son opposée était vraie, et alors des contradictoires auraient été vraies ensemble.

Confirmation : les propositions ne passent pas de la vérité à la fausseté, si ce n'est en raison d'un changement de la chose, selon le Philosophe dans les *Catégories* [c. 5 ; 4b9-11]. Mais il n'y a aucun changement en Dieu, ni en Pierre ni en aucune autre chose, qui ferait que cette proposition « Pierre est prédestiné » fût d'abord vraie et ensuite fausse. Et je dis cela en tant qu'elle est absolument sur le futur, et antérieure au don de la béatitude. De même, si cette proposition est vraie maintenant « tu seras assis demain », sans aucun changement en toi ou dans quelque chose d'autre, tu ne peux pas faire que cette proposition soit fausse avant demain, de sorte qu'il soit vrai de dire : cette proposition « tu seras assis demain » a d'abord été vraie, et maintenant elle est fausse. Il est donc impossible que ces propositions passent de la vérité à la fausseté.

Si tu objectes que si tu péris aujourd'hui, alors la proposition « tu seras assis demain » est fausse, et qu'auparavant elle était vraie, selon toi, et qu'alors en raison d'un tel changement en toi, cette proposition pourrait passer de la vérité à la fausseté ; et de la même façon, si Pierre est maintenant prédestiné, et meurt ensuite dans l'impénitence finale, il sera alors réprouvé ;

igitur propter mutationem factam in Petro per actum peccati potest ista propositio « Petrus est praedestinatus » mutari de veritate in falsitatem,

dico quod, sicut frequenter dictum est, si ponatur quod aliquis praedestinatus finaliter peccet, quod tunc haec est vera « iste est reprobatus », et haec semper fuit vera « iste est reprobatus », et per consequens sua opposita est nunc falsa et semper fuit falsa. Et eodem modo, si tu corrumparis hodie, tunc haec propositio « tu sedebis cras » nunc est falsa, et semper fuit falsa, et eius opposita semper fuit vera. Et super istam responsionem quasi stat tota difficultas in ista materia[a].

---

a. Certains manuscrits portent une finale (*desinit*) comme celle-ci : « Ici s'achève le traité sur la prédestination et les futurs contingents du révérend frère Guillaume Ockham, O.F.M. Loué soit Dieu ».

donc en raison d'un changement produit en Pierre par l'acte du péché, la proposition « Pierre est prédestiné » peut passer de la vérité à la fausseté :

je réponds à cela que, comme on l'a dit à plusieurs reprises, si on suppose que quelqu'un de prédestiné pèche finalement, alors cette proposition est vraie « cet homme est réprouvé », et elle a toujours été vraie, de sorte que son opposée est maintenant fausse et a toujours été fausse. De la même façon, si tu périssais aujourd'hui, alors la proposition « tu seras assis demain » serait maintenant fausse et aurait toujours été fausse, et son opposée toujours vraie. C'est sur cette réponse que repose pratiquement toute la difficulté de cette matière.

[EXPOSITIO IN LIBRUM *PERIHERMENEIAS* ARISTOTELIS – LIB. I, CAP. 6] [a]

Ad evidentiam totius istius capituli est primo sciendum quod intentio Philosophi est quod in talibus contingentibus futuris neutra pars contradictionis est vera vel falsa, sicut res non magis determinatur ad fore quam ad non fore. Et ideo diceret Philosophus quod etiam Deus non plus scit unam partem contradictionis quam aliam; immo neutra scitur a Deo, quia ex quo neutra pars est vera, sicut hic determinat, et secundum eum, I *Posteriorum*, nihil scitur nisi verum, sequitur quod neutra pars est scita. Tamen secundum veritatem et theologos aliter est dicendum, quia dicendum est quod Deus determinate scit alteram partem. Qualiter autem hoc sit, in theologia declarari debet.

Secundo sciendum est quod non tantum in illis de futuro in voce aliquando neutra pars est vera secundum intentionem Philosophi, immo etiam aliquando in illis de praesenti et de praeterito neutra pars est deterrninate vera. Et hoc verum est quando ista de praeterito vel de praesenti aequivalet illi de futuro, sicut istae duae propositiones videntur aequivalere

a. *Opera Philosophica* II, p. 421-424.

COMMENTAIRE SUR LE *PERIHERMENEIAS* 9
LIVRE I, C. 6, § 15

Pour la clarté de tout ce chapitre, il faut savoir d'abord que l'intention du Philosophe est que dans de tels futurs contingents aucune partie de la contradiction n'est vraie ou fausse, pas plus que la chose n'est davantage déterminée à l'être qu'au non-être. C'est pourquoi le Philosophe dirait que Dieu lui-même ne connaît pas plus une partie de la contradiction que l'autre ; bien plus aucune n'est sue par Dieu, car étant donné qu'aucune n'est vraie, comme il le montre ici, et que, selon lui, dans les *Seconds Analytiques* livre I, rien n'est su que le vrai, il s'ensuit qu'aucune des deux parties n'est sue. Pourtant, selon la vérité et les théologiens, il faut répondre autrement, car il faut dire que Dieu connaît de manière déterminée l'une des deux parties. Comment cela est possible, c'est dans la théologie qu'on doit l'expliquer.

Deuxièmement, il faut savoir que ce n'est pas seulement dans les propositions au futur verbalement qu'aucune partie (de la contradiction) n'est vraie, selon l'intention du Philosophe, mais c'est également le cas parfois dans des propositions au présent ou au passé. Il en est ainsi quand la proposition au passé ou au présent équivaut à une proposition sur le futur, comme ces deux propositions semblent équivalentes :

« *a* erit », « *a* est futurum »; et sic de multis. Et ideo non plus est una vera quam alia. Verumtamen utrum tales propositiones aequivaleant de virtute sermonis vel non, non curo ad praesens.

Tertio sciendum quod nihil est contingens ad utrumlibet, de quo Philosophus hic loquitur, nisi quod est in potestate alicuius libere agentis vel dependet ab aliquo tali. Et ideo in puris naturalibus, hoc est, in animatis anima sensitiva tantum et in inanimatis, nulla est contingentia, nec etiam casus et fortuna, nisi aliquo modo dependeant ab agente libero. Sed in omnibus aliis est inevitabilitas et necessitas illa de qua loquitur hic Philosophus. Nec obstat quod dicitur II *Physicorum*, quod casus est in inanimatis et fortuna inanimatis, quia quamvis casus inveniatur in inanimatis, hoc tamen fit ex aliquo principio quod dependebat ex aliquo libere agente. Et ideo si actio agentis nec in se nec in respectu alicuius principii fuerit libera, non erit casus, sed ex necessitate eveniet, sicut haberetur II *Physicorum* declarari.

Per praedicta patet quod Philosophus concederet istam consequentiam : « Deus scit *a* fore, igitur *a* erit ». Sed diceret antecedens esse simpliciter falsum et consequens nec esse verum nec falsum. Nec est inconveniens quod ex falso sequitur illud quod nec est verum nec falsum, sicut ex falso sequitur verum. Sed numquam est ista consequentia bona : « *a* erit, igitur Deus scit *a* fore ». Et diceret forte Philosophus quod consequentia non valet, quia *a* non est verum neque falsum; et consequens est simpliciter falsum; igitur consequentia non valet.

« *a* sera » et « *a* est futur » ; et il en va ainsi de beaucoup d'autres. L'une n'est donc pas plus vraie que l'autre. Quant à savoir si de telles propositions sont littéralement équivalentes, je ne m'en soucie pas maintenant.

Troisièmement, il faut savoir que rien n'est contingent et ouvert aux alternatives, ce dont le Philosophe parle ici, si ce n'est ce qui est au pouvoir d'un agent libre, ou qui dépend de lui. C'est pourquoi dans les réalités purement naturelles, c'est-à-dire, dans les êtres animés d'une âme seulement sensitive, et dans les êtres inanimés, il n'y aucune contingence, ni même de hasard ou de fortune, à moins qu'ils ne dépendent en quelque façon d'un agent libre. Mais dans toutes ces réalités se trouve l'inévitabilité et la nécessité dont parle ici le Philosophe. Et peu importe qu'il dise dans la *Physique* II que le hasard se rencontre chez les êtres inanimés, ainsi que la fortune, car même si l'on trouve le hasard chez les êtres inanimés, cela vient néanmoins d'un principe qui dépendait d'un agent libre. De sorte que si l'action de l'agent n'est pas libre ni en elle-même ni par rapport à un principe, il n'y aura pas de hasard, mais elle arrivera nécessairement, comme il l'aurait montré dans la *Physique*.

Ce qui vient d'être dit montre que la Philosophe accorderait cette proposition : « Dieu sait que *a* sera, donc *a* sera ». Mais il dirait que l'antécédent est tout simplement faux, et que le conséquent n'est ni vrai ni faux. Ce n'est pas une objection que ce qui n'est ni vrai ni faux suive du faux, comme le vrai suit du faux. Mais jamais cette conséquence-ci n'est bonne : « *a* sera, donc Dieu sait que *a* sera ». Le Philosophe dirait peut-être que la conséquence n'est pas valable, parce que *a* n'est ni vrai, ni faux ; et le conséquent est tout simplement faux ; donc la conséquence n'est pas valable.

Et si dicatur: consequentia non valet, igitur oppositum consequentis stat cum antecedente, et per consequens stant simul «*a* erit» et «Deus non scit *a* fore»; sed hoc est impossibile, quia impossibile est ista esse simul vera, quia si ista sint simul vera «*a* erit» et «Deus non scit *a* fore», igitur ista est possibilis: «aliquod verum non est scitum a Deo», quod videtur impossibile. Ad istud forte diceret Philosophus quod aliquas propositiones stare simul potest dupliciter accipi: uno modo quod possunt esse simul verae, et sic ista non stant simul «*a* erit» et «Deus non scit *a* fore». Alio modo, quod neutra infert oppositum alterius; et isto modo stant simul.

Ex isto patet quod secundum intentionem Philosophi ista consequentia non valet: impossibile est antecedens esse verum sine consequente, igitur consequentia est bona; sicut in proposito impossibile est istam propositionern esse veram «*a* erit» sine ista «Deus scit *a* fore», et tamen ista consequentia non valet «*a* erit, igitur Deus scit *a* fore». Tamen quando antecedens et consequens sunt determinate vera vel determinate falsa, sive unum determinate sit verum et aliud deterrninate falsum, est consequentia bona.

Est etiam notandum quod secundum intentionem Philosophi aliqua universalis affirmativa est vera, et tamen nulla singularis est vera, sicut haec est determinate vera secundum eum «omne futurum contingens erit», et tamen nulla singularis est vera, quia quocumque singulari demonstrato, haec non est vera «hoc futurum

Si on objecte : la conséquence n'est pas valable, donc l'opposé du conséquent peut être vrai en même temps que l'antécédent, et par conséquent on aura à la fois « *a* sera » et « Dieu ne sait pas que *a* sera » ; mais cela est impossible, car il est impossible que les deux soient vraies ensemble : si « *a* sera » et « Dieu ne sait pas que *a* sera » étaient compatibles, celle-ci serait possible : « quelque chose de vrai n'est pas su par Dieu », ce qui semble impossible. En réponse, le Philosophe répondrait peut-être que l'on peut comprendre de deux manières que certaines propositions sont compatibles : dans un premier sens, cela veut dire qu'elles peuvent être vraies ensemble, et en ce sens « *a* sera » et « Dieu ne sait pas que *a* sera » ne sont pas compatibles. Dans un autre sens, cela veut dire qu'aucune n'implique l'opposée de l'autre ; et en ce sens elles sont compatibles.

Il est clair alors que selon l'intention du Philosophe, cette conséquence n'est pas valable : il est impossible que l'antécédent soit vrai sans le conséquent, donc la conséquence est bonne ; tout comme dans le cas proposé, il est impossible que cette proposition, « *a* sera » soit vraie sans celle-ci « Dieu sait que *a* sera », et pourtant cette conséquence n'est pas valable « *a* sera, donc Dieu sait que *a* sera ». Pourtant, quand l'antécédent et le conséquent sont vrais de manière déterminée ou faux de manière déterminée, ou que l'un est vrai de manière déterminée et l'autre faux de manière déterminée, la conséquence est bonne.

Il faut aussi noter que, selon l'intention du Philosophe, une certaine proposition universelle affirmative est vraie alors qu'aucune singulière <correspondante> ne l'est, par exemple, selon lui cette proposition est vraie « tout futur contingent sera », et pourtant aucune singulière ne l'est, car pour aucun futur contingent il n'est vrai de dire en le désignant « ce futur

contingens erit », quia haec infert istam « hoc erit », quae non est vera neque falsa secundum Philosophum.

Quid igitur requiritur ad veritatem talis universalis? Dicendum est quod secundum Philosophum requiritur veritas disiunctivarum compositarum ex partibus contradictionis. Et ideo si haec sit vera « omne futurum contingens erit », requiritur quod haec sit vera « hoc futurum contingens erit vel non erit », et sic de singulis. Nec est magis inconveniens quod talis universalis sit vera et nulla singularis, quam quod aliqua disiunctiva sit vera, et tamen neutra pars sit vera. Et hoc est speciale in propositionibus non habentibus veritatem vel falsitatem determinatam. Et ideo multae regulae generales debent negari in ista materia, quia hae secundum Philosophum habent instantiam, sicut ista regula capit instantiam « ab universali ad singularem est bona consequentia », « universalis sufficienter inducitur ex suis singularibus ». Nam haec consequentia non valet « hoc futurum contingens non erit, illud futurum contingens non erit, et sic de singulis, igitur nullum futurum contingens erit », quia consequens est determinate falsum et antecedens non est determinate falsum; ideo consequentia non valet. Et sicut est de istis, ita est de multis aliis propter consimilem rationem.

contingent sera », car on peut alors inférer « ceci sera », qui
n'est ni vraie ni fausse selon le Philosophe.

Qu'est-ce qui est requis pour la vérité d'une telle proposition universelle ? Il faut répondre que, d'après le Philosophe,
est requise la vérité des propositions disjonctives formées par
deux propositions contradictoires. Ainsi, si cette proposition
est vraie « tout futur contingent sera », il est requis que cette
proposition soit vraie « ce futur contingent sera ou ne sera pas »,
et de même pour les autres. Ce n'est pas plus un problème
qu'une telle proposition universelle soit vraie sans aucune
singulière, que le fait que la proposition disjonctive soit vraie,
alors qu'aucune des deux propositions qui la composent ne
l'est. Cela est propre aux propositions qui n'ont pas de vérité
ou de fausseté déterminée. De sorte que de nombreuses règles
doivent être refusées dans cette matière, car selon le Philosophe, elles ont un contre-exemple, comme cette règle « de
l'universelle à la singulière la conséquence est bonne », « on
peut induire l'universelle à partir des singulières ». En effet,
cette conséquence n'est pas valable « ce futur contingent ne
sera pas, cet autre futur contingent ne sera pas, et ainsi de suite,
donc aucun futur contingent ne sera », car le conséquent est
faux de manière déterminée, et l'antécédent n'est pas faux de
manière déterminée ; donc la conséquence n'est pas valable. Et
il en va de même pour beaucoup d'autres <règles> pour des
raisons semblables.

SUMMA LOGICAE III-3, CAP. 32

[QUO MODO IN PROPOSITIONIBUS
DE INESSE FIT INDUCTIO][a]

(…) Sed circa inductionem propositionis universalis *de futuro* est primo sciendum quod dicendum est eodem modo de inductione propositionis universalis de futuro necessariae et impossibilis sicut de illis de praesenti et de praeterito. Sed circa inductionem propositionis universalis de futuro in materia contingenti aliter dicendum est secundum veritatem et aliter secundum intentionem Aristotelis. Et oritur ista diversitas ex hoc quod aliter sentiendum est de veritate propositionis contingentis de futuro secundum veritatem et fidem et aliter secundum intentionem Aristotelis. Nam *Aristoteles* ponit quod nulla propositio contingens talis de futuro est vera vel falsa, ita quod secundum intentionem Aristotelis una pars contradictionis in talibus non est magis vera quam alia. Et propter hoc, secundum eum, una pars contradictionis non est magis scita a quocumque intellectu quam alia, quia quod non est magis verum, non est magis scibile. Et propter hoc Aristoteles non posuisset aliquod futurum contingens esse scitum a Deo, cum nullum tale, secundum eum, sit verum, et nihil est scitum nisi verum.

a. *Opera Philosophica* I, p. 710-714.

SOMME DE LOGIQUE III-3, CAP. 32

[L'INDUCTION]

Quant à l'induction de la proposition universelle portant sur le futur, il faut savoir qu'on doit dire la même chose de l'induction de la proposition universelle nécessaire et de la proposition impossible qui porte sur le futur que ce que l'on a dit de ces propositions portant sur le présent ou sur le passé. Mais pour ce qui est de l'induction de la proposition universelle portant sur le futur en matière contingente, la vérité et l'intention d'Aristote imposent de parler de manière différente. Cette diversité vient de ce que la vérité de la proposition contingente sur le futur ne fait pas l'objet de la même doctrine selon la vérité et la foi et selon l'intention d'Aristote. Car Aristote pose qu'aucune proposition contingente de ce type portant sur le futur n'est vraie ou fausse, de sorte que selon l'intention d'Aristote, dans ces cas, l'une des deux propositions de la contradiction n'est pas plus vraie que l'autre. C'est pourquoi, selon lui, une partie de la contradiction n'est pas davantage connue par n'importe quel intellect que l'autre, car ce qui n'est pas plus vrai n'est pas plus connaissable. C'est pourquoi Arisote n'aurait pas posé qu'un futur contingent fût connu par Dieu, puisque rien de tel, selon lui, n'est vrai et que rien n'est sûr si ce n'est vrai.

Sed veritas fidei ponit quod futura contingentia sunt scita a Deo, ita quod una pars contradictionis est scita a Deo et alia non est scita a Deo. Sicut Deus ab aeterno scivit istam « Beata Virgo est salvanda » et numquam scivit istam « Beata Virgo non est salvanda », sicut nec unquam scivit istam « Beata Virgo est damnanda ». Et propter hoc una pars contradictionis est scita et non alia; ideo una pars est vera, puta illa quae est scita, et alia non est vera, quia non est scita a Deo.

Secundum igitur intentionem Aristotelis universalis affirmativa de futuro poterit *esse* vera, quamvis nulla singularis sit vera. Sicut ista universalis, secundum eum, est vera « omne futurum contingens erit » ; immo, secundum eum, est necessaria. Et tamen, secundum e u m, nulla singularis eius est vera, quia demonstrato quocumque, haec non est vera, secundum eum, « hoc futurum contingens erit », quia infert istam « hoc est futurum contingens », quae nec est vera nec falsa, secundum eum.

Similiter, secundum eum, universalis de futuro poterit esse falsa, quamvis non habeat aliquam singularem falsam. Sicut haec universalis est falsa « nullum futurum contingens erit » ; et tamen non habet aliquam singularem falsam, quia quocumque demonstrato, haec non est eius singularis « hoc futurum contingens non erit », secundum, eum, propter causam praedictam.

Et sicut aliquando talis universalis affirmativa est vera, et tamen nulla singularis, ita aliquando particularis affirmativa est vera, et tamen nulla eius singularis est vera, secundum eum.

Mais la vérité de la foi pose que les futurs contingents sont connus par Dieu, de sorte qu'une partie de la contradiction est sue par Dieu et l'autre ne l'est pas. Par exemple Dieu a su de toute éternité cette proposition « La Bienheureuse Vierge sera sauvée », et n'a jamais su celle-ci « le Bienheureuse Vierge ne sera pas sauvée », tout comme il n'a jamais su cette autre « la Bienheureuse Vierge sera damnée ». C'est pourquoi une partie de la contradiction est sue et non l'autre ; et donc une partie est vraie, à savoir celle qui est sue, et l'autre n'est pas vraie, celle qui n'est pas sue par Dieu.

Donc, selon l'intention d'Aristote, la proposition affirmative sur le futur pourra être vraie, bien qu'aucune singulière ne soit vraie. Par exemple cette universelle est vraie, selon lui, « tout futur contingent sera » ; et même, selon lui, elle est nécessaire. Pourtant, selon lui, aucune singulière de cette proposition n'est vraie, car quoi que l'on montre, celle-ci n'est pas vraie, selon lui, « ce futur contingent sera », car il en infère celle-ci « ceci est un futur contingent », qui n'est ni vraie ni fausse selon lui.

De la même façon, selon lui, la proposition universelle sur le futur pourra être fausse, bien qu'elle n'ait pas de singulière fausse. Par exemple, cette universelle est fausse « aucun futur contingent ne sera » ; et pourtant elle n'a pas de singulière fausse, car quoi que l'on montre, cette proposition « ce futur contingent ne sera pas » ne sera pas une de ses singulières, selon lui, pour la raison dite.

Et tout comme parfois une telle universelle affirmative est vraie, sans que pourtant aucune singulière ne le soit, de la même façon parfois une particulière affirmative est vraie, et pourtant aucune de ses singulières n'est vraie, selon lui.

Et per hoc solveret talia argumenta : probatur enim quod haec est vera « Sortes erit cras », sic « haec est vera : in aliquo instanti Sortes erit ». Et ista propositio debet concedi, secundum eum, si Sortes sit, quia ponit quod non est dare ultimum rei permanentis in esse. Si igitur haec sit vera « in aliquo instanti Sortes erit », sit illud instans *a*. Tunc haec est vera « Sortes erit in *a* », et ultra « igitur erit in aliquo instanti post *a* ». Detur illud et sit *b* ;. et ultra arguetur, ut prius, « igitur erit in aliquo instanti post *b* », quia aliter *b* esset ultimum eius, quod non est possibile. Detur etiam illud et sit *c*. Et sic tandem devenietur ad diem crastinum :

Diceret ad hoc Philosophus quod haec est vera « in aliquo instanti erit Sortes », sed nulla eius singularis est vera, et ideo non est dandum illud instans in quo erit Sortes. Unde, secundum eum, ista est vera « in aliquo instanti erit Sortes », et tamen nulla istarum est vera « in *a* erit Sortes », « in *b* erit Sortes », et sic de singulis. Et ideo nulla istarum est danda. Et eodem modo dicendum est, secundum eum, ad consimilia argumenta.

Sed secundum veritatem fidei talis universalis affirmativa, si sit vera et scita a Deo, habet aliquam singularem veram, et hoc quia semper *altera pars* contradictionis est vera et scita a Deo.

Tamen advertendum est quod aliquando aliter est universalis vel particularis vera et aliter singularis. Aliquando enim, secundum unam opinionem, universalis est necessaria et tamen nulla singularis est necessaria, immo quaelibet singularis sic est vera quod quaelibet illarum

Et par là, voici comment il résoudrait les arguments suivants. On prouve en effet que cette proposition est vraie « Socrate sera demain », si « celle-ci est vraie : en quelque instant Socrate sera ». Et cette proposition doit être acceptée selon lui, si Socrate est, car il pose qu'il n'y a pas de dernier instant d'une chose qui demeure dans l'être [*Physique* III, 8 (263b20-264a6)]. Si donc cette proposition est vraie « Socrate sera en quelque instant », posons que ce soit l'instant *a*. Celle-ci est donc vraie « Socrate sera en *a* », et en outre « donc il sera en un instant après *a* ». Posons que celui-ci soit *b*, on argumentera comme plus haut, « donc il sera en un instant après *b* », sans quoi *b* serait son dernier instant, ce qui n'est pas possible. Posons que ce soit *c*. On arrivera ainsi au jour suivant.

Le Philosophe répondrait que cette proposition est vraie « Socrate sera en quelque instant », mais qu'aucune de ses singulières ne l'est, et qu'il ne faut donc pas accorder cet instant où Socrate sera. C'est pourquoi, selon lui, celle-ci est vraie « Socrate sera en quelque instant », et pourtant aucune de ces propositions ne l'est « Socrate sera en *a* », « Socrate sera en *b* », et ainsi de suite. C'est pourquoi aucune de ces propositions ne doit être accordée. Et selon lui il faut répondre de la même manière aux arguments semblables.

Mais selon la vérité de la foi, si une telle affirmative est vraie et est sue par Dieu, elle a une singulière vraie, et cela parce qu'une partie de la contradiction est toujours vraie et sue par Dieu.

Il faut cependant remarquer que parfois ce n'est pas de la même manière que l'universelle ou la particulière d'un côté, et la singulière de l'autre sont vraies. Parfois, en effet, selon une opinion, l'universelle est nécessaire bien qu'aucune singulière ne le soit, au contraire toute singulière est vraie de telle sorte

potest esse falsa et potest numquam fuisse vera. Haec enim est necessaria « quodlibet verum futurum contingens est verum », et tamen nulla singularis est ita vera quin potuit numquam fuisse vera. Similiter poterit esse quod particularis sit inevitabiliter vera et tamen quaelibet singularis sit evitabiliter vera. Et in hoc est aliqualis similitudo inter opinionem Aristotelis et veritatem fidei.

Et sicut dictum est de propositionibus de futuro, ita dicendum est de propositionibus de praeterito et de praesenti, aequivalentibus propositionibus de futuro. Unde sicut ista est vera « *iste salvabitur* », et tamen possibile est quod numquam fuerit vera, quia sequitur « iste peccabit finaliter, igitur damnabitur » ; et ultra « igitur iste non salvabitur » ; et ultra « igitur ista numquam fuit vera : iste salvabitur ». Et antecedens est possibile, manifestum est, igitur consequens est possibile. Ita ista est modo vera « iste fuit praedestinatus ab aeterno », et tamen possibile est quod numquam fuerit praedestinatus ; et hoc est, quia ista « iste fuit praedestinatus ab aeterno » aequivalet isti de futuro « iste salvabitur » ; et ideo sicut una potest numquam fuisse vera, ita possibile est quod alia numquam fuerit vera.

Et ista est differentia inter veritatem propositionum de futuro et eis aequivalentium et veritatem propositionum de praeterito et de praesenti, quae non aequivalent illis de futuro : quia si aliqua propositio sit vera de praesenti, necessario semper *postea* erit verum dicere quod illa propositio fuit vera. Sicut si haec sit modo vera « Sortes sedet », haec semper erit postea necessaria « haec fuit vera : Sortes sedet », ita quod impossibile

que chacune peut être fausse et peut n'avoir jamais été vraie. Celle-ci, en effet, est nécessaire « tout futur contingent est vrai », et pourtant aucune de ses singulières n'est vraie qui n'ait pu jamais avoir été vraie. De la même manière il pourra se faire qu'une particulière soit vraie de façon inévitable et pourtant que chacune de ses singulières soit vraie de manière évitable. En cela il y a quelque ressemblance entre l'opinion d'Aristote et la vérité de la foi.

Il faut dire des propositions sur le passé et sur le présent qui sont équivalentes à des propositions sur le futur ce que l'on a dit des propositions sur le futur. C'est pourquoi cette proposition est vraie « celui-ci sera sauvé » et pourtant il est possible qu'elle n'ait jamais été vraie, car cette conséquence est bonne « il mourra impénitent, donc il sera damné » ; et en outre « donc celui-ci ne sera pas sauvé », et en outre « donc cette proposition n'a jamais été vraie : celui-ci sera sauvé ». Or l'antécédent est possible, c'est manifeste, donc le conséquent est possible. Ainsi cette proposition est vraie maintenant : « celui-ci a été prédestiné de toute éternité », et pourtant il est possible qu'il n'ait jamais été prédestiné ; parce que celle-ci « il a été prédestiné de tout éternité » équivaut à cette proposition sur le futur « il sera sauvé », et tout comme l'une peut n'avoir jamais été vraie, il est possible que l'autre n'ait jamais été vraie.

Telle est la différence entre la vérité des propositions sur le futur et celle qui leur sont équivalentes et la vérité des propositions sur le passé et le présent, qui ne sont pas équivalentes à des propositions sur le futur. Car si une proposition sur le présent est vraie, il sera nécessairement toujours vrai ensuite de dire que cette proposition a été vraie. Par exemple si cette proposition est vraie maintenant « Socrate est assis », celle-ci sera ensuite toujours nécessaire « cette proposition a été vraie : Socrate est assis », de sorte qu'il est impossible que

est quod ista tota propositio « haec fuit vera : Sortes sedet » sit unquam postea falsa.

Et similiter est de propositione de praeterito : nam si haec sit modo vera « Sortes fuit albus », haec semper erit postea necessaria « haec fuit vera : Sortes fuit albus ».

Sed secus est de propositione de futuro : nam quantumcumque haec sit modo vera « Ioannes salvabitur », tamen haec erit postea contingens « haec fuit vera : Ioannes salvabitur ».

Et per hoc potest patere quod *praedestinatio* vel *reprobatio* vel aliquid huiusmodi non potest esse *relatio realis inhaerens* creaturae praedestinatae vel reprobatae, sicut aliqui dicunt. Nam si esset talis res, sequeretur quod iste qui est praedestinatus non posset damnari. Nam si praedestinatio sit talis res, tunc ista erit vera « iste est praedestinatus propter talem rem sibi inhaerentem » ; sicut ista est vera « Sortes est albus propter albedinem sibi inhaerentem », et per consequens haec erit postea necessaria « ista fuit vera : iste est praedestinatus ». Et si hoc, sequitur quod ista sit modo necessaria « iste salvabitur ». Nam sequitur « ista fuit vera : iste est praedestinatus ; igitur ista fuit vera : iste salvabitur ». Et antecedens est necessarium, igitur consequens est necessarium, et ex hoc sequitur quod ista est modo necessaria « iste salvabitur ».

Per ista etiam potest patere quod propositione aliqua contingente *exsistente vera in aliquo instanti, nullo modo potest esse falsa in eodem instanti*. Sicut si haec sit modo vera « iste habet actum bonum », impossibile est quod in isto instanti sit haec falsa « iste habet actum bonum ». Cuius

toute cette proposition « cette proposition a été vraie : Socrate est assis » soit jamais fausse par la suite.

Il en va de même de la proposition sur le passé : si cette proposition est vraie maintenant « Socrate a été blanc », celle-ci sera ensuite toujours nécessaire « celle-ci est vraie : Socrate a été blanc ».

Mais il en va différemment de la proposition sur le futur car même si cette proposition est maintenant vraie « Jean sera sauvé », celle-ci sera néanmoins contingente ensuite « cette proposition a été vraie : Jean sera sauvé ».

On peut montrer par là que la prédestination ou la réprobation ou quoi que ce soit de ce genre ne peut pas être une relation réelle inhérente à une créature prédestinée ou réprouvée, comme le disent certains. Car s'il y avait une telle chose, il s'ensuivrait que celui qui est prédestiné ne pourrait pas être damné. Car si la prédestination est une telle chose, alors cette proposition sera vraie « celui-ci est prédestiné à cause de telle réalité qui lui est inhérente » ; tout comme celle-ci est vraie « Socrate est blanc à cause de la blancheur qui lui est inhérente », et par conséquent celle-ci sera ensuite nécessaire « cette proposition a été vraie : il est prédestiné ». S'il en est ainsi, il suit que celle-ci est maintenant nécessaire « il sera sauvé ». Car cette conséquence est bonne « cette proposition a été vraie : il est prédestiné ; donc cette proposition a été vraie : il sera sauvé ». Or l'antécédent est nécessaire, donc le contingent est nécessaire, et il s'ensuit que cette proposition est nécessaire maintenant « il sera sauvé ».

On peut voir par là que si une proposition contingente est vraie à un instant, elle ne peut aucunement être fausse au même instant. Par exemple, si celle-ci est vraie maintenant « celui-ci réalise un acte bon », il est impossible que dans cet instant cette autre proposition soit fausse « il réaliste un acte bon ». La

ratio est quia propter positionem possibilis in esse numquam
negandum est necessarium. Sed posito in esse quod iste peccet,
negandum est hoc necessarium post illud instans « ista fuit
vera : iste habet actum bonum in a » ; et per consequens a
exsistente, et illo habente bonum actum in a, haec est impossibilis « iste non habet bonum actum in a », et tamen ante fuit
possibilis, sed ex quo positum est in actu non est amplius
possibilis.

raison en est que la position de ce qui possible dans la réalité n'impose jamais de nier ce qui est nécessaire. Mais en posant dans la réalité qu'il pèche, on doit nier à l'instant suivant cette proposition « celle-ci a été vraie : il réalise un acte bon en a » ; et par conséquent quand a existe, et qu'il réalise un acte bon en a, cette proposition est impossible « il ne réalise pas d'acte bon en a », et pourtant elle a été possible auparavant, mais du fait qu'elle est posée en acte elle n'est plus possible.

[DISTINCTIO DUODEQUADRAGESIMA, QUAESTIO UNICA

[U<small>TRUM</small> D<small>EUS</small> <small>HABEAT SCIENTIAM DETERMINATAM ET</small> <small>NECESSARIAM OMNIUM FUTURORUM CONTINGENTIUM</small>] ^a

Circa distinctionem trigesimam octavam quaero utrum Deus habeat scientiam determinatam et necessariam omnium futurorum contingentium.

Quod non :

Quia illud quod non est in se determinate verum, nulli est deterrninate verum; sed futurum contingens non est in se determinate verum, igitur etc.; et per consequens non est determinate verum Deo. Tunc arguo : illud quod non est determinate verum, non scitur a Deo scientia determinata; sed futurum contingens est huiusmodi, ut ostensum est; igitur etc.

Praeterea, quod non habeat scientiam necessariam videtur. Quia si habeat scientiam necessariam de aliquo futuro contingente, sit illud *a*. Tunc arguo : Deus habet scientiam necessariam de *a*, igitur haec est necessaria « Deus scit *a* », et ultra igitur haec est necessaria « *a* est verum ». Sed si haec sit necessaria « *a* est verum », *a* non est contingens, et per consequens non est futurum contingens, quod est contra positum.

a. *Opera Theologica* IV, p. 572-588.

ORDINATIO D. 38, Q.U.

À propos de la distinction 38 je demande si Dieu a une science déterminée et nécessaire de tous les futurs contingents.

Non :

Ce qui n'est pas vrai de manière déterminée en soi n'est vrai de manière déterminée pour personne ; mais le futur contingent n'est pas vrai de manière déterminée en soi, donc, etc. ; et par conséquent il n'est pas vrai de manière déterminée pour Dieu. J'argumente alors ainsi : ce qui n'est pas vrai de manière déterminée n'est pas su par Dieu d'une science déterminée ; mais le futur contingent est de ce genre, comme on l'a montré ; donc etc.

En outre, il semble qu'il n'ait pas une science nécessaire <des futurs contingents>. Car s'il a une science nécessaire d'un futur contingent, posons que ce soit de *a*. J'argumente alors ainsi : Dieu a la science nécessaire de *a*, donc cette proposition est nécessaire « Dieu sait *a* », et en outre cette autre proposition est nécessaire « *a* est vrai ». Mais si cette proposition est nécessaire « *a* est vrai », *a* n'est pas contingent, et par conséquent n'est pas un futur contingent, ce qui est contre l'hypothèse.

Ad oppositum :

Omnia sunt nuda et aperta oculis eius, igitur omnia sunt scita a Deo; sed nihil scitur nisi scientia determinata; igitur Deus habet scientiam determinatam de omnibus.

Item, quod habeat scientiam necessariam videtur. Quia in Deo est unica scientia, igitur eadem est scientia Dei necessariorum et contingentium; sed scientia Dei necessariorum est necessaria; igitur scientia Dei futurorum contingentium est necessaria, et per consequens Deus habet scientiam necessariam de contingentibus.

[Opinio Scoti]

Ad quaestionem dicitur quod, quamvis non possit probari a priori aliquod esse futurum contingens, hoc tamen est tenendum. Et hoc supposito dicitur quod « non potest salvari contingentia in entibus nisi prima causa, quae agit per intellectum et voluntatem, causet còntingenter, et hoc ponendo in Primo causalitateln perfectam, sicut ponunt catholici. Et ideo istam contingentiam oportet quaerere in intellectu divino, vel in voluntate divina. Et non in intellectu divino, quia quidquid intellectus intelligit, mere naturaliter intelligit. Et per consequens oportet eam quaerere in voluntate divina » [a].

Ad cuius intellectum dicit primo esse videndum de libertate voluntatis nostrae ad quae sit, et secundo quomodo ad illam libertatem sequitur possibilitas vel contingentia.

Et quantum ad primum dicitur quod « voluntas, in quantum est actus primus, libera est ad oppositos actus, et mediantibus illis actibus oppositis est libera ad opposita obiecta in quae tendit, – et ulterius, ad oppositos effectus quos producit ».

---

a. Scot *Sent.* (*textus compositus*) I, d. 38, p. 2 et d. 39, q. 1-5 (Vat. VI, append. A, 416), cf. *Tractatus* q. 3, *supra*, p. 146 *sq.*

En sens opposé :

Toutes choses sont nues et étendues sous ses yeux [He 4, 13], donc toutes choses sont sues par Dieu ; mais rien n'est su si ce n'est d'une science déterminée ; donc Dieu a une science déterminée de toutes choses.

De même, il semble qu'il ait une science nécessaire. Car il n'y a en Dieu qu'une science unique, donc c'est la même science de Dieu qui est science du nécessaire et du contingent ; mais la science que Dieu a du nécessaire est nécessaire ; donc la science divine des futurs contingents est nécessaire, et par conséquent Dieu a une science nécessaire des contingents.

[Opinion de Scot]

Sur cette question, on dit que, bien qu'il ne puisse être prouvé *a priori* qu'il y a un futur contingent, cela doit néanmoins être défendu. Cela supposé, on dit que « la contingence dans les étants ne peut sauvée que si la cause première, qui agit par intellect et volonté, cause de manière contingente, et cela en posant dans le Premier une causalité parfaite, comme le soutiennent les catholiques. C'est pourquoi, il faut chercher cette contingence dans l'intellect divin, ou dans la volonté divine. Et non dans l'intellect divin, car tout ce que l'intellect conçoit il le conçoit de manière purement naturelle. Et par conséquent, il faut le chercher dans la volonté divine ».

Pour expliquer ce point, il dit qu'il faut examiner d'abord sur quoi porte la liberté de notre volonté, et ensuite comme la possibilité ou la contingence suit de cette liberté.

Sur le premier point, il est dit que « la volonté, en tant qu'acte premier, est libre à l'égard des actes opposés, et par ces actes opposés, elle est libre à l'égard des objets opposés vers lesquels elle tend – et ensuite, au effets opposés qu'elle produit ».

« Prima libertas habet necessario aliquam imperfectionem annexam, quia potentialitatem passivam voluntatis et mutabilitatem ». Sed secunda libertas est sine omni imperfectione, etiamsi voluntas non posset habere tertiam libertatem.

Circa secundum dicitur quod « istam libertatem concomitatur potentia ad opposita manifesta. Licet enim non sit potentia ad velle simul et non velle (quia hoc nihil est), est tamen in ea potentia ad velle post non velle sive ad successionem actuum oppositorum in eis ».

« Tamen est et alia (non ita manifesta) absque omni successione. Ponendo enim voluntatem creatam tantum esse in uno instanti, et quod ipsa in illo instanti habet hanc volitionem, non necessario tunc habet eam. Probatio : si enim in illo instanti haberet eam necessario, cum non sit causa nisi in illo instanti quando causaret eam, ergo simpliciter voluntas – quando causaret – eam necessario causaret ; non enim modo est contingens causa quia praeexsistebat ante illud instans in quo causat (et tunc praeexsistens potuit causare vel non causare), quia sicut hoc ens quando est, tunc est necessarium vel contingens, ita causa quando causat, tunc causat necessario vel contingenter. Quod igitur in isto instanti causat hoc velle et non necessario, causat ipsum contingenter. Igitur haec potentia causae "ad oppositium eius quod causat" est sine successione ».

« Et ista potentia, realis, est potentia prioris naturaliter (ut actus primi) ad opposita quae sunt posteriora naturaliter (ut actus secundi) ; actus enim primus, consideratus in isto instanti

« La première liberté a nécessairement une certaine imperfection annexe, car elle a la potentialité passive et la mutabilité
de la volonté ». Mais la seconde liberté est sans aucune imperfection, même si la volonté ne pouvait pas avoir la troisième
liberté.

Sur le second point, il est dit que « la puissance manifeste à
l'égard des opposés accompagne cette liberté. En effet, même
s'il n'y a pas de puissance à vouloir et ne pas vouloir en même
temps (car cela n'est rien), il y a néanmoins en elle une
puissance de vouloir après celle de ne pas vouloir ou encore
une puissance à l'égard de la succession des actes opposés ».

« Pourtant il y a encore une autre puissance (qui n'est pas
manifeste) sans aucune succession. En posant en effet que la
volonté créée est seulement dans un instant, et que dans cet
instant elle a cette volition, elle ne l'a pas alors nécessairement.
Preuve : si dans cet instant elle avait cette volition nécessairement, puisqu'elle n'est cause que dans l'instant où elle cause
la volition, la volonté – quand elle causerait – causerait alors
nécessairement la volition ; en effet la cause n'est pas contingente maintenant parce qu'elle préexistait à cet instant où elle
cause (et qu'en préexistant alors elle pouvait causer ou ne pas
causer), car, tout comme cet étant, quand il est, est alors nécessaire ou contingent, ainsi la cause, quand elle cause, cause de
manière nécessaire ou contingente. Donc, puisqu'elle cause ce
vouloir dans cet instant de manière non nécessaire, elle le cause
de manière contingente. Donc cette puissance de la cause
"à l'égard de ce qui est opposé à ce qu'elle cause" est sans
succession ».

« Et cette puissance, réelle, est une puissance de ce qui
est premier naturellement (comme acte premier) à l'égard
des opposés qui sont seconds naturellement (comme
actes seconds) ; car l'acte premier, considéré en cet instant

in quo est prior naturaliter actu secundo, ita ponit illum in esse – tamquam effectum suum contingenter – quod ut prior naturaliter, posset aeque ponere oppositum in esse ».

Iuxta praedicta dicitur de voluntate divina, primo quae sit eius libertas. Et dicitur quod « voluntas divina non est libera ad diversos actus volendi et nolendi », sed propter illimitationem volitionis est libera ad opposita obiecta et illa est prima. Et praeter illam est libertas ad oppositos effectus. Et est voluntas divina libera in quantum est operativa, non in quantum est productiva vel receptiva suae volitionis.

Secundo dicitur ad quae est libertas volitionis divinae. Et dicitur quod « nihil aliud respicit pro obiecto nisi suam essentiam; et ideo ad quodlibet aliud se habet contingenter, ita quod posset esse oppositi, et hoc considerando ipsam ut est prior potentia naturaliter tendens in illud obiectum. Nec solum ipsa ut voluntas prior est naturaliter suo actu, sed in quantum etiam volens, quia sicut voluntas nostra ut prior naturaliter actu suo ita elicit actum illum quod posset in eodem instanti elicere oppositum, – ita voluntas divina, in quantum sola volitione "ipsa" est prior naturaliter tendentia tali, ita enim tendit in illud obiectum contingenter quod in eodem instanti posset tendere in oppositum obiectum; et hoc tam potentia logica, quae est non-repugnantia terminorum (sicut dixit prius de voluntate nostra), quam potentia reali, quae est prior naturaliter suo actu ».

où il est antérieur naturellement à l'acte second, le pose dans l'existence – comme son effet de manière contingente – de telle sorte que le premier par nature pourrait également poser l'opposé dans l'existence ».

On parle de la volonté divine selon ce qui précède, et d'abord à propos de sa liberté. Et l'on dit que « la volonté divine n'est pas libre à l'égard des divers actes de vouloir et de ne pas vouloir (vouloir ne pas) », mais en raison du caractère illimité de sa volition, elle est libre à l'égard des objets opposés et elle est la première <liberté>. Et outre cette liberté, il y a une liberté à l'égard des effets opposés. Et la volonté divine est libre <en ce sens> en tant qu'elle est opérative, non en tant qu'elle est productrice ou réceptrice de sa volition.

Deuxièmement on dit sur quoi porte la liberté de la volition divine. Et l'on dit qu'elle « ne se rapporte à aucun autre comme objet que sa propre essence ; c'est pourquoi elle se rapporte de manière contingente à tout le reste, de telle sorte qu'elle pourrait être <volition> de l'opposé, et cela en la considérant comme puissance naturellement première en tendant vers cet objet. Et non seulement en tant qu'elle est naturellement antérieure à son acte, mais aussi en tant qu'elle veut, car tout comme notre volonté, en tant qu'elle est antérieure à son acte, suscite un acte tel qu'elle pourrait au même instant en susciter un opposé, de même la volonté divine, en tant qu'elle est, par la seule voli-tion, naturellement antérieure à une telle tendance, tend vers cet objet de manière contingente de telle sorte que dans le même instant elle pourrait tendre vers l'objet opposé ; et cela non seulement par une puissance logique, qui est la non contradic-tion des termes (comme il l'a dit plus haut à propos de notre volonté), mais aussi par un puissance réelle, qui est naturelle-ment antérieure à son acte ».

Sed quomodo cum tali contingentia stat certitudo scientiae divinae ? Dicitur quod « Hoc potest poni dupliciter : Uno modo per hoc quod intellectus divinus videns determinationem voluntatis divinae, videt illud fore pro *a*, quia illa voluntas determinat fore pro *a*; scit enim illam voluntatem esse immutabilem et non impedibilem ».

Aliter dicit posse poni « quod intellectus divinus aut offert simplicia quorum unio est contingens in re, aut – si offert sibi complexionem – offert eam sicut sibi neutram; et voluntas eligens unam partem, scilicet coniunctionem istorum pro aliquo "nunc" in re, facit istud esse determinate verum : "hoc erit pro *a*". Hoc autem exsistente "determinate vero", essentia est divino intellectui ratio intelligendi illud verum, et hoc naturaliter (quantum est ex parte essentiae), ita quod sicut naturaliter intelligit omnia principia necessaria quasi ante actum voluntatis divinae (quia eorum veritas non dependet ab illo actu et essent intellecta si per impossibile non esset volens), et ita essentia divina est ratio cognoscendi ea in illo priori, quia tunc sunt vera; non quidem quod ista vera moveant intellectum divinum – nec etiam termini eorum – ad apprehendendum talem veritatem, sed essentia divina est ratio cognoscendi sicut simplicia ita etiam complexa talia; tunc autem non sunt vera contingentia, quia nihil est tunc per quod habeant veritatem determinatam; posita autem determinatione voluntatis divinae, iam sunt vera » et in illo secundo instanti erit essentia ratio cognoscendi ea.

Mais comment la certitude de la science divine est-elle compatible avec une telle contingence ? Il est dit que « cela peut être posé de deux manières : la première du fait que l'intellect divin en voyant la détermination de la volonté divine voit que cela sera au moment *a*, car cette volonté détermine que ce sera en *a* ; il sait en effet que la volonté est immuable et ne peut pas être empêchée ».

Il dit qu'on peut le poser d'une autre manière : « l'intellect divin ou bien se représente des simples dont l'union est contingente en réalité, ou bien, s'il se représente un complexe (propositionnel), il se le représente comme neutre ; et la volonté qui choisit une partie, à savoir la conjonction de ces réalités pour un moment dans la réalité, fait que celui-ci est vrai de manière déterminée : « cela sera en *a* ». Si ce complexe est « vrai de manière déterminée », l'essence <divine> est pour l'intellect divin le fondement de sa compréhension de cette vérité, et cela naturellement (pour ce qui relève de l'essence <divine>), de telle sorte que comme il comprend naturellement tous les principes nécessaires comme avant l'acte de la volonté divine (car leur vérité ne dépend pas de cet acte, et ils seraient compris si, par impossible, il ne voulait pas), et ainsi l'essence divine est le fondement de la connaissance qu'il en a en ce premier <instant>, car alors ils sont vrais ; non certes que ces vérités, ni leurs termes, meuvent l'intellect divin à saisir cette vérité, mais l'essence divine est le fondement de la connaissance des simples comme des complexes de ce type. Il n'y a alors pas de propositions contingentes vraies, car il n'y a rien qui leur donnerait une vérité déterminée ; mais une fois posée la détermination de la volonté divine, ces propositions sont alors vraies », et dans ce second instant <de nature> l'essence <divine> sera le fondement de leur connaissance.

Exemplum ponitur tale : « Sicut si in potentia mea visiva "semper stans unus actus" sit ratio videndi obiectum, si ab alio praesentante nunc sit iste color praesens, nunc ille, – oculus meus videbit nunc hoc, nunc illud, et tamen per eandem visionem tantummodo erit differentia in prioritate et posterioritate videndi, propter obiectum prius vel posterius praesentatum ; et si unus color fieret naturaliter praesens et alius libere, non esset differentia formaliter in visione mea quin ex parte sua oculus naturaliter videret utrumque ; tamen contingenter videret unum, et necessario aliud, in quantum unum fit praesens contingenter et aliud necessario ».

« Utroque illorum modorum ponere intellectum divinum cognoscere exsistentiam rerum, patet – secundum utrumque – quod est determinatio intellectus divini ad illud exsistens ad quod determinatur voluntas divina, et certitudo infallibilitatis (quia non potest voluntas determinari quin intellectus determinate apprehendat illud quod voluntas determinat), et immutabiliter (quia tam intellectus quam voluntas sunt immutabiles), et cum istis stat contingentia obiecti cogniti, quia voluntas volens hoc determinate, contingenter vult hoc ».

[Contra opinionem Scoti]

Contra ista potest argui. Primo contra hoc quod dicitur quod secundam libertatem voluntatis consequitur una potentia ad opposita non manifesta quae est ad opposita sine successione. Hoc enim non videtur verum. Cuius ratio est, quia illa potentia quae per nullam potentiam, etiam infinitam, potest reduci ad actum, non est ponenda ; sed per nullam potentiam potest ista potentia non manifesta reduci ad actum,

Voici l'exemple qu'il donne : « si dans ma puissance visuelle « un acte toujours exercé » est le fondement de ma vision d'un objet, et si par un autre acte de présentation tantôt cette couleur est présente, et tantôt cette autre couleur – mon œil verra tantôt celle-ci, tantôt celle-là, et pourtant par la même vision il y aura une différence dans la seule priorité de la vision, en raison de l'objet présenté en premier ou en second ; et si une couleur devenait naturellement présente et une autre librement, il n'y aurait pas de différence formelle dans ma vision : l'œil de son côté verrait les deux naturellement, et pourtant il verrait l'une de manière contingente et l'autre de manière nécessaire, dans la mesure où l'une est présente de manière contingente et l'autre nécessairement ».

« Pour chacune des deux manières de poser que l'intellect divin connaît l'existence des choses on voit qu'il y a une détermination de l'intellect divin à la réalité existante à laquelle est déterminée la volonté divine, et il y a la certitude de l'infaillibilité (car la volonté ne peut pas être déterminée sans que l'intellect appréhende de manière déterminée ce que la volonté détermine), et cela de manière immuable (car aussi bien l'intellect que la volonté sont immuables). Et tout cela est compatible avec la contingence de l'objet connu, car la volonté qui veut telle chose de manière déterminée, la veut de façon contingente ».

[Contre l'opinion de Scot]
On peut argumenter contre ces raisons. D'abord ce qui est dit de la liberté de la volonté qui accompagne une puissance non manifeste aux opposés sans succession ne semble pas vrai. La raison en est qu'on ne doit pas poser une puissance qui ne peut être actualisée par aucune puissance, même infinie ; mais cette puissance non manifeste ne peut être actualisée par aucune

quia si reducatur, igitur voluntas vult aliquid pro *a* et non vult illud pro *a*, et ita sunt manifeste « contradictoria simul vera ».

Si dicatur quod si reducitur ad actum, iam non est haec vera « voluntas voluit hoc pro *a* », nec etiam ista « voluntas vult hoc pro *a* », quia eo ipso quod voluntas non vult hoc pro *a*, sequitur quod haec non est vera « voluntas vult hoc pro *a* » :

Contra : hoc est communiter concessum a philosophis et theologis quod Deus non potest facere de praeterito non praeteritum, quin semper sit post verum dicere quod fuit praeteritum[a]. Igitur cum per positum, haec sit modo determinate vera « voluntas vult hoc pro *a* », et per consequens haec postea semper erit vera; et numquam haec fuit vera « voluntas non vult hoc pro *a* », ergo post *a* haec semper fuit impossibilis « voluntas non voluit hoc pro *a* », et ultra, ergo modo post a est verum dicere quod haec non potuit esse vera in illo instanti in quo sua opposita fuit vera « voluntas non vult hoc pro *a* », quamvis prius fuerit vera, quia propositio vera fit impossibilis frequenter[b].

Si dicatur quod illa potentia potuit reduci ad actum, quia potest cessare velle hoc pro *a*, respondeo quod hoc non valet, quia ista potentia ad opposita est manifesta et cum successione. Nam in uno instanti haec erit vera « voluntas vult hoc pro *a* », et in alio instanti haec erit vera « voluntas non vult hoc pro *a* ». Sed quod in eodem instanti sint ambae verae per quamcumque potentiam est simpliciter impossibile, sicut impossibile est

---

a. Les éditeurs renvoient ainsi à Aristote, *Éthique à Nicomaque* VI, 2, 1139 b 5-11 et Augustin, *Contre Fauste* XXVI, 5.

b. Peu compréhensible. Adams suggère de lire « possible » à la place de « vraie » (ce qu'aucun ms ne permet), Ockham voulant dire qu'une proposition possible (par exemple portant sur un futur contingent) peut devenir impossible (une fois le temps en question devenu passé).

puissance, car si elle est actualisée, alors la volonté veut quelque chose en *a* et ne le veut pas en *a*, et ainsi manifestement « les contradictoires sont vrais en même temps ».

Si on dit que, si la puissance est actualisée, cette proposition « la volonté a voulu cela en *a* » n'est plus vraie, ni celle-ci « la volonté veut ceci en *a* », car du fait même que la volonté ne veut pas ceci en *a*, il s'ensuit que cette proposition « la volonté veut ceci en *a* » n'est pas vraie :

Contre : les philosophes et les théologiens accordent communément que Dieu ne peut pas faire que le passé n'ait pas été, sans qu'il soit ensuite toujours vrai de dire qu'il a été. Donc, comme par hypothèse cette proposition « la volonté veut ceci en *a* » est vraie de manière déterminée, elle sera par conséquent toujours vraie ensuite, et celle-ci n'a jamais été vraie « la volonté ne veut pas ceci en *a* », donc après *a* cette proposition a toujours été impossible « la volonté n'a pas voulu ceci en *a* », et en outre, maintenant, après *a*, il est donc vrai de dire que cette proposition « la volonté ne veut pas ceci en *a* » n'a pas pu être vraie dans l'instant où son opposée a été vraie, bien qu'elle ait été vraie avant, car souvent une proposition vraie devient impossible.

Si on dit que cette puissance a pu être actualisée car elle peut cesser de vouloir en *a*, je réponds que cela n'est pas valable, car cette puissance des opposés est manifeste et avec succession. Car dans un instant celle-ci sera vraie « la volonté veut ceci en *a* », et en un autre instant cette autre sera vraie « la volonté ne veut pas ceci en *a* ». Mais qu'au même instant elles soient toutes les deux vraies par une puissance quelconque, c'est absolument impossible, comme il est impossible que

quod haec sit primo vera « voluntas creata vult hoc pro *a* » et
quod postea sit haec vera « voluntas numquam voluit hoc pro
a ». Et ita in creaturis est universaliter verum quod numquam
est potentia ad opposita obiecta sine successione, non magis
quam ad oppositos actus. Immo per idein argumentum probari
potest potentia ad oppositos actus voluntatis creatae sine
successione et ad opposita obiecta. Nec ratio sua concludit,
quia concedendum est quod voluntas, quando causat, contingenter causat. Sed ista potest habere duas causas veritatis. Vel
quia possibile est quod in eodem instanti sit verum dicere quod
non causat ; et hoc est impossibile, quia posito quod in aliquo
instanti sit causans, impossibile est quod in eodem instanti sit
non causans. Vel dicitur causare contingenter quia libere, sine
omni variatione adveniente sibi vel alteri et non per cessa-
tionem alterius causae, potest cessare ab actu in alio instanti,
ita quod in alio instanti sit non causans, non quod in eodem
instanti sit non causans. Et isto modo voluntas causat contingenter. Non sic autem causa naturalis, quia causa naturaliter
agens semper agit, nisi ipsum mutetur vel aliqua novitas fiat
circa ipsum vel quia alia causa cessat causare vel per aliquem
alium modum, sine quo omni potest ipsa voluntas sola sua
libertate cessare ab actu.

Ad formam igitur argumenti dico quod in illo instanti in
quo causat, contingenter causat, nec tunc necessario causat.
Sed ex hoc non sequitur quod haec potentia causae ad oppositum sit ad non-causare et ad eius oppositum sine successione,
quia impossibile est quod per quamcumque potentiam reducatur ad actum sine successione. Sed est potentia ad eius

cette proposition soit d'abord vraie « la volonté créée veut ceci en *a* », et qu'ensuite cette autre proposition soit vraie « la volonté n'a jamais voulu ceci en *a* ». Ainsi dans les créatures, il est universellement vrai qu'il n'y a jamais de puissance à l'égard des objets opposés sans succession, pas plus qu'à l'égard des actes opposés. C'est bien par le même argument qu'on peut prouver que la volonté créée a une puissance aux actes opposés et aux objets opposés sans succession. Mais son argument n'est pas concluant, car il faut bien accorder que la volonté cause de manière contingente quand elle cause, mais il peut y avoir deux causes de cette vérité. Ou bien c'est qu'il est possible qu'il soit vrai de dire que dans le même instant la volonté ne cause pas ; mais cela est impossible, car une fois posé qu'elle cause dans un instant, il est impossible qu'elle ne cause pas dans le même instant. Ou bien elle est dite causer de manière contingente, parce que, sans qu'aucun changement ne lui advienne à elle ni à autre chose, et sans qu'une autre cause cesse d'agir, elle peut cesser son acte dans un autre instant, de sorte qu'elle ne soit pas cause dans un autre instant, mais non pas qu'elle ne le soit pas dans le même instant. Il n'en va pas ainsi de la cause naturelle, car la cause qui agit naturellement agit toujours à moins d'être modifiée, ou qu'une nouveauté affecte ses circonstances, ou qu'une autre cause cesse de causer ou pour une autre raison, toutes situations sans lesquelles la volonté peut par sa seule liberté cesser son acte.

Je réponds à la forme de cet argument que dans l'instant où la volonté cause, elle cause de manière contingente, et non nécessairement. Mais il ne s'ensuit pas que cette puissance de la cause à l'égard de l'opposé <de ce qu'elle cause> soit une puissance de ne pas causer et de son opposé sans succession, car il est impossible qu'une puissance quelconque la conduise à l'acte sans succession. Mais il y a une puissance de son

oppositum, quae potentia potest reduci ad actum per successionem, non tamen illo modo quo praecise potentia causae
naturalis ad non-causandum potest reduci ad actum. Nam
accipio calorem calefacientem lignum. Iste calor potest non
calefacere et haec potentia potest reduci ad actum vel per
destructionem caloris agentis, vel per amotionem passi, vel per
impedimentum interpositum, vel per subtractionem causae
coagentis, – puta quia Deus non vult sibi coagere –, vel per
perfectionem termini producti, quia scilicet ita perfectus calor
est productus quod ab isto calore non potest produci perfectior.

Praeter istos modos adhuc est unus modus quo potest
voluntas creata cessare ab actu causandi, scilicet se sola,
quantumcumque nullum praedictorum desit, sed omnia sint
posita. Et hoc, et non aliud, est voluntatem contingenter
causare.

Ex isto patet quod non est convenienter dictum quod
voluntas divina, ut prior naturaliter, ita ponit suum effectum
in esse in *a* quod potest eum non ponere in esse in eodem
instanti. Quia non sunt talia instantia naturae sicut iste
imaginatur, nec est in primo instanti naturae talis indifferentia
ad ponendum et non ponendum. Sed si in aliquo instanti ponit
effectum suum in esse, impossibile est quod per quamcumque
potentiam sit illud instans et quod in illo non sit, sicut est
impossibile quod per quamcumque potentiam contradictoria
sint simul vera.

Ideo dico quod universaliter numquam est potentia ita
quod opposita verificentur sine successione. Immo
impossibile est quod Deus respiceret obiectum et non

opposé, qui peut être actualisée de manière successive, sans que ce soit à la manière dont la puissance de la cause naturelle peut être conduite à l'acte de ne pas causer. Car je prends comme exemple la chaleur qui chauffe le bois. Cette chaleur peut ne pas chauffer, et cette puissance <de ne pas chauffer> peut être actualisée par la destruction de la chaleur agente, ou par l'éloignement du patient, ou par l'interposition d'un obstacle, ou par le retrait d'une cause concourante – par exemple si Dieu ne veut plus concourir avec elle –, ou par la perfection du terme produit, car une chaleur parfaite est produite qui ne peut être rendue plus parfaite par la même chaleur.

Hormis ces modes, il y en a encore un selon lequel une volonté créée peut cesser son acte de causer, à savoir par elle-même, même sans aucun des facteurs précédents. Et c'est cela et rien d'autre qui est une volonté causant de manière contingente.

Il est alors évident qu'on ne dit pas correctement que la volonté divine, naturellement antérieure, pose son effet dans la réalité en *a* de telle sorte qu'elle peut ne pas le poser dans la réalité au même instant. Car il n'y a pas d'instants de nature tels qu'il les imagine, et il n'y a pas dans le premier instant de nature une telle indifférence concernant le fait de poser ou de ne pas poser <un effet>. Mais si elle pose son effet dans la réalité en un instant, il est impossible par quelque puissance que ce soit que cet instant soit et que l'effet ne soit pas en cet instant, tout comme il est impossible, par quelque puissance que ce soit, que des contradictoires soient vrais en même temps.

C'est pourquoi je dis qu'il n'y a en général jamais de puissance telle que des opposés soient vérifiés sans succession. Il est même impossible que Dieu considère un objet et ne le

respiceret illud, nisi esset aliqua successio saltem in actu vel
coexsisteret, et tunc foret in alio quocumque mutatio.

Praeterea, contra illud quod dicit de determinatione
voluntatis divinae potest argui. Primo, quod conclusio princi-
palis non sit vera. Quia quando aliquid determinatur contingenter, ita quod possibile est quod numquam fuisset determinatum, per talem determinationem non potest haberi evidentia
certa et infallibilis. Sed voluntas divina ita determinatur quod
adhuc possibile est eam numquam fuisse determinatam. Igitur
evidentia certa et infallibilis non potest haberi per talem
determinationem, ex quo simpliciter potest numquam fuisse.
Et ita videtur quod determinatio voluntatis divinae, si esset,
parum faceret.

Praeterea, quantumcumque posset salvari certitudo
scientiae per determinationem voluntatis respectu omnium
effectuum productorum a voluntate, et etiam respectu omnium
effectuum causarum naturalium quibus voluntas divina coagit,
non tamen videtur quod certitudo actuum futurorum ipsius
voluntatis creatae possit per praedictam determinationem
salvari. Quia si respectu omnium est voluntas divina
determinata, quaero : aut illam determinationem necessario
sequitur determinatio vel productio voluntatis creatae vel non.
Si sic, igitur ita naturaliter agit voluntas creata sicut
quaecumque causa naturalis. Quia sicut voluntate divina
exsistente determinata ad unum oppositorum, non est in
potestate causae naturalis « cuiuscumque non coagere, – et
etiam ipsa non determinata, non coagit causa naturalis –, ita
voluntate divina exsistente determinata, voluntas creata
coageret, nec haberet in potestate sua non coagere. Et per

considère pas, à moins qu'il n'y ait une succession dans l'acte même et que les deux termes coexistent, et il y aurait alors un changement en toute réalité autre.

En outre, on peut argumenter contre ce qu'il dit de la détermination de la volonté divine. D'abord, la conclusion n'est pas vraie. Car quand quelque chose est déterminé de manière contingente, de telle sorte qu'il est possible que cela n'ait jamais été déterminé, une telle détermination ne peut donner une évidence certaine et infaillible. Mais la volonté divine est déterminée de telle sorte qu'il est même possible qu'elle n'ait jamais été déterminée. Une telle détermination, à partir de ce qui peut simplement n'avoir jamais été, ne peut donc pas donner une évidence certaine et infaillible. Et il semble donc que la détermination de la volonté divine, si elle se produisait, ferait peu.

En outre, quelle que soit la certitude de la science que l'on peut sauver par la détermination de la volonté à l'égard de tous les effets produits par la volonté, et même à l'égard de tous les effets des causes naturelles avec lesquelles la volonté divine coopère, il ne semble pas néanmoins que la certitude des actes futurs de cette volonté créée puisse être sauvée par la détermination susdite. Car si la volonté divine est déterminée à l'égard de toutes choses, je demande si la détermination ou la production de la volonté créée suit nécessairement de cette détermination <de la volonté divine> ou non. Si c'est le cas, alors la volonté créée agit naturellement comme n'importe quelle cause naturelle. Car tout comme lorsque la volonté divine est déterminée à l'un des opposés, il n'est au pouvoir d'aucune cause naturelle de ne pas coopérer – et même quand elle n'est pas déterminée, la cause naturelle ne coopère pas –, de même quand la volonté divine est déterminée, la volonté créée coopérerait et il ne serait pas en son pouvoir de ne pas coopérer. Par

consequens nullus actus voluntatis creatae esset sibi impu-
tandus. Si autem determinationem voluntatis divinae non
necessario sequitur determinatio voluntatis creatae, igitur ad
sciendum utrum effectus ponetur vel non ponetur, non sufficit
determinatio voluntatis divinae, sed requiritur determinatio
voluntatis creatae, quae non est adhuc vel non fuit ab aeterno.
Igitur Deus ab aeterno non habuit certam notitiam futurorum
contingentium propter determinationem voluntatis divinae.

Praeterea, quantumcumque voluntas creata sit determinata
ad alteram partem et quantumcumque intellectus videat illam
determinationem, quia tamen voluntas nostra potest ab illa
determinatione cessare et non determinari, intellectus non
habet certam notitiam de illa parte. Igitur visio determinationis
voluntatis, quae voluntas potest non determinari ad illam
partem, non sufficit ad notitiam certam illius partis.

Praeterea, quod dicit quod in primo instanti intellectus
divinus offert simplicia, et post voluntas divina eligit unam
partem, et post intellectus evidenter cognoscit illam partem,
illud non videtur esse verum. Quia non est talis processus, nec
talis prioritas, nec talis contradictio in Deo, quod intellectus
divinus pro aliquo instanti non cognoscit futura contingentia evidenter et pro aliquo cognoscit. Hoc enim esset
imperfectionis ponere quod intellectus divinus quamcumque
perfectionem reciperet ab alio.

[Opinio propria auctoris]

Ideo dico ad quaestionem quod indubitanter est tenendum
quod Deus certitudinaliter et evidenter scit omnia futura
contingentia. Sed hoc evidenter declarare et modum quo scit

conséquent, aucun acte de la volonté créée ne devrait lui être imputé. Mais si la détermination de la volonté créée ne suit pas nécessairement la détermination de la volonté divine, pour savoir si l'effet serait posé ou non, la détermination de la volonté divine ne suffit pas, mais celle de la volonté créée est requise, détermination qui n'existe pas encore ou qui n'existait pas de toute éternité. Donc, Dieu n'a pas eu de toute éternité une connaissance certaine des futurs contingents en raison de la détermination de la volonté divine.

En outre, aussi déterminée à l'une des parties <de la contradiction> que soit la volonté créée, et pour autant que l'intellect voit cette détermination, puisque notre volonté peut cesser cette détermination et ne pas être déterminée, l'intellect n'a pas de connaissance certaine de ce côté. La vision de la détermination de la volonté, volonté qui ne peut pas être déterminée à cette partie, ne suffit pas pour la connaissance certaine de cette partie.

En outre, quand il dit que dans le premier instant l'intellect divin se représente les simples, et qu'ensuite la volonté divine choisit une partie <de la contradiction>, et qu'enfin l'intellect connaît avec évidence cette partie, cela ne semble pas vrai. En effet, il n'y a pas un tel processus, ni une telle priorité, ni une telle contradiction en Dieu, que l'intellect divin ne connaisse pas en un instant les futurs contingents avec évidence, et les connaisse en un autre. Ce serait une imperfection de poser que l'intellect divin reçoit une perfection quelconque d'autre chose.

[Opinion de l'auteur]

C'est pourquoi je dis qu'il faut soutenir sans doute que Dieu sait avec certitude et de manière évidente tous les futurs contingents. Mais il est impossible à tout intellect dans notre

omnia futura contingentia exprimere est impossibile omni intellectm pro statu isto.

Et dico quod Philosophus diceret quod Deus non scit evidenter et certitudinaliter aliqua futura contingentia. Et hoc propter istam rationem : quia illud quod non est in se verum, non potest sciri pro illo tempore quo non est in se verum. Sed futurum contingens, dependens simpliciter a potentia libera, non est in se verum. Quia non potest, secundum eum, assignari ratio quare plus est una pars vera quam alia, et ita vel utraque pars est vera vel neutra. Et non est possibile quod utraque pars sit vera, igitur neutra est vera, et per consequens neutra scitur. Ista ratio non concludit, secundum viam Philosophi, nisi de his quae sunt in potestate voluntatis. In his autem quae non sunt in potestate voluntatis, sed dependent simpliciter a causis natura-libus, non convenit, – sicut quod sol orietur et sic de aliis. Et hoc quia causa naturalis determinatur ad unam partem, nec possunt omnes causae naturales impediri nisi per causam liberam, per quam tamen possunt impediri respectu unius effectus determinati, quamvis non respectu cuiuslibet.

Ista tamen ratione non obstante, tenendum est quod Deus evidenter cognoscit omnia futura contingentia. Sed modum exprimere nescio. Potest tamen dici quod ipse Deus, vel divina essentia, est una cognitio intuitiva, tam sui ipsius quam omnium aliorum factibilium et infactibilium, tam perfecta et tam clara quod ipsa etiam est notitia evidens omnium praeteritorum, futurorum et praesentium. Ita quod sicut ex notitia intuitiva intellectiva nostra extremorum potest intellectus noster cognoscere evidenter aliquas propositiones contingentes, ita ipsa divina essentia est quaedam cognitio

état d'exposer cela avec évidence et d'exprimer comment il sait tous les futurs contingents.

Et je dis que le Philosophe dirait que Dieu ne sait pas avec évidence et certitude certains futurs contingents. Et cela pour la raison que ce qui n'est pas vrai en soi, ne peut être su dans le temps où ce n'est pas vrai en soi. Mais le futur contingent, qui dépend absolument de la puissance libre, n'est pas vrai en soi. Parce que l'on ne peut pas, selon lui, assigner de raison pour laquelle une partie <de la contradiction> est plus vraie que l'autre, et ainsi ou bien chacune des deux est vraie, ou aucune ne l'est. Et il n'est pas possible que les deux parties soient vraies, donc aucune ne l'est, et par conséquent aucune n'est sue. Cet argument n'est concluant, selon la voie du Philosophe, que pour ce qui est au pouvoir de la volonté. Pour ce qui n'est pas au pouvoir de la volonté, mais dépendant simplement de causes naturelles, il ne convient pas – par exemple que le soleil se lève, et ainsi de suite. Et cela parce que la cause naturelle est déterminée à une partie, et que les causes naturelles ne peuvent être empêchées que par une cause libre, qui peut cependant les empêcher à l'égard d'un effet déterminé, mais pas de n'importe lequel.

Malgré cet argument, il faut soutenir que Dieu connaît avec évidence tous les futurs contingents. Mais je ne sais pas exprimer comment. On peut néanmoins dire que Dieu lui-même, ou l'essence divine, est une connaissance intuitive, aussi bien de lui-même que de toutes les autres choses qui peuvent ou ne peuvent pas être produites, connaissance aussi parfaite et claire qu'elle est aussi connaissance évidente de tous les passés, futurs et présents. De telle sorte que, tout comme notre intellect peut connaître avec évidence certaines propositions contingentes, à partir de la connaissance intuitive intellectuelle des extrêmes, l'essence divine est également une certaine connaissance

et notitia qua non tantum scitur verum, necessarium et contingens de praesenti, sed etiam scitur quae pars contradictionis erit vera et quae erit falsa. Et hoc forte non est propter determinationem suae voluntatis. Sed etiam posito per impossibile quod ipsa divina cognitione exsistente ita perfecta sicut modo est, non esset causa effectiva nec totalis nec partialis effectuum contingentium, adhuc esset notitia qua evidenter sciretur a Deo quae pars contradictionis erit falsa et quae erit vera. Et hoc non esset quia futura contingentia essent sibi praesentia, nec per ideas tamquam per rationes cognoscendi, sed per ipsammet divinam essentiam vel divinam cognitionern, quae est notitia qua scitur quid est falsum et quid est verum, quid fuit falsum et quid fuit verum, quid erit falsum et quid erit verum.

Ista conclusio, quamvis per rationem naturalem nobis possibilem et a priori probari non possit, tamen per auctoritates Bibliae et Sanctorum, quae sunt satis notae, potest probari. Sed transeo de eis ad praesens.

Verumtamen pro aliquibus artistis est sciendum quod quantumcumque Deus sciat de omnibus futuris contingentibus quae pars erit vera et quae falsa, tamen haec non est necessaria « Deus scit quod haec pars erit vera ». Immo haec est contingens in tantum quod quantumcumque haec sit vera « Deus scit quod haec pars contradictionis erit vera », tamen possibile est quod haec numquam fuerit vera. Et in isto casu potentia est ad oppositum illius sine omni successione, quia possibile est quod numquam fuerit. Sed sic non est de voluntate creata, quia postquam voluntas creata aliquem actum habuerit, non est possibile quod postea sit verum dicere quod numquam habuit talem actum.

par laquelle est su non seulement le vrai, nécessaire et contingent sur le présent, mais aussi quelle partie de la contradiction sera vraie et quelle partie sera fausse. Et cela n'est sans doute pas en raison de la détermination de sa volonté. Mais, même si l'on posait par impossible que la connaissance divine, tout en existant aussi parfaite qu'elle est maintenant, n'était pas cause effective et totale ni partielle des effets contingents, ce serait encore une connaissance par laquelle Dieu saurait avec évidence quelle partie de la contradiction sera fausse et quelle partie sera vraie. Et ce ne serait pas parce que les futurs contingents lui seraient présents, ni par des idées comprises comme les fondements de la connaissance, mais par l'essence divine ou la connaissance divine elle-même, qui est la connaissance par laquelle est su ce qui est faux et ce qui est vrai, ce qui a été faux et ce qui a été vrai, ce qui sera faux et ce qui sera vrai.

Cette conclusion, bien qu'elle ne puisse pas être prouvée par un argument naturel qui nous soit accessible et *a priori*, peut néanmoins l'être par les autorités de la Bible et des Saints, qui sont assez connues. Mais je les passe pour l'instant.

Cela étant, à l'adresse de certains artiens, il faut savoir que pour autant que Dieu sache à propos de tous les futurs contingents quelle partie sera vraie et quelle partie sera fausse, cependant cette proposition n'est pas nécessaire « Dieu sait que cette partie sera vraie ». Au contraire, elle est contingente dans la mesure où pour autant que celle-ci soit vraie « Dieu sait que cette partie de la contradiction sera vraie », il est pourtant possible qu'elle n'ait jamais été vraie. Dans ce cas, la puissance est puissance de l'opposé, sans aucune succession, car il est possible qu'il n'ait jamais été. Mais il n'en est pas ainsi de la volonté créée, car après que la volonté créée a réalisé un acte, il n'est pas possible qu'il soit vrai de dire ensuite qu'elle n'a jamais réalisé un tel acte.

De propositionibus de possibili dico, sicut alii dicunt, quod ista propositio et consimiles « Deum volentem *a* fore possibile est velle non fore » est distinguenda secundum compositionem et divisionem. In sensu compositionis denotatur quod haec sit possibilis « Deus volens *a* fore, non vult *a* fore », et hoc est impossibile quia includit contradictionem. In sensu divisionis denotatur quod Deus volens *a* fore, potest non velle *a* fore, et hoc est verum.

Et si dicatur : ponatur in esse, et non accidet impossibile, et per consequens ista stant simul « Deus vult *a* fore » et « Deus non vult *a* fore » :

Dico quod posito illo possibili in esse, non sequitur impossibile. Sed non debet sic poni in esse « Deus volens a fore, non vult *a* fore »; sed debet sic poni in esse « Deus non vult *a* fore », et isto posito in esse, nullum sequitur impossibile. Quia non sequitur nisi ista « Deus numquam voluit *a* fore » et ista non est impossibilis sed contingens, sicut sua contradictoria semper fuit contingens, scilicet « Deus vult *a* fore ».

Per praedicta potest responderi ad quaestionem quod Deus habet scientiam determinatam de futuris contingentibus, quia determinate scit quae pars contradictionis erit vera et quae falsa. Sed habere scientiam de futuris contingentibus dupliciter potest intelligi : vel quod scientia illa qua sciuntur futura contingentia sit necessaria, vel quod illa scientia necessario sciatur. Primo modo dico quod Deus de futuris contingentibus habet scientiam necessariam, quia in Deo est unica cognitio quae est complexorum et incomplexorum, necessariorum et contingentium et universaliter omnium imaginabilium. Et illa scientia est ipsa divina essentia quae

Sur les propositions modales de possibilité, je dis, comme d'autres, que cette proposition « il est possible que Dieu, qui veut que *a* soit, veuille qu'il ne soit pas » et d'autres semblables, doivent être distinguées selon la composition et la division. Au sens composé, il est dénoté que cette proposition est possible « Dieu qui veut que *a* soit, ne veut pas que *a* soit », et cela est impossible, car cette proposition inclut une contradiction. Au sens divisé il est dénoté que Dieu qui veut que *a* soit, peut ne pas vouloir que *a* soit, et cela est vrai.

Et si l'on dit : posons *a* dans l'existence, et que rien d'impossible n'arrive, ces deux propositions sont alors compatibles « Dieu veut que *a* soit », et « Dieu ne veut pas que *a* soit ».

Je réponds qu'en posant ce possible dans l'être, il ne s'ensuit pas un impossible. Mais il ne faut pas poser dans l'être « Dieu qui veut que *a* soit ne veut pas que *a* soit », mais il faut poser dans l'être « Dieu ne veut pas que *a* soit », et cela posé, rien d'impossible ne s'ensuit. Car seule suit cette proposition « Dieu n'a jamais voulu que *a* soit », et cette proposition n'est pas impossible mais contingente, tout comme sa contradictoire a toujours été contingente, à savoir « Dieu veut que *a* soit ».

Par ce qui précède, on peut répondre à la question que Dieu a une science déterminée des futurs contingents, car il sait de manière déterminée quelle partie de la contradiction sera vraie et quelle partie sera fausse. Mais avoir la science des futurs contingents peut être compris de deux façons : ou bien au sens où la science par laquelle sont sus les futurs contingents est nécessaire, ou au sens où ils sont nécessairement sus par cette science. Au premier sens, je dis que Dieu a une science nécessaire des futurs contingents, car il n'y a en Dieu qu'une connaissance unique des complexes et des incomplexes, des nécessaires et des contingents, et de manière générale de toutes les réalités imaginables. Et cette science est l'essence divine qui

est necessaria et immutabilis. Secundo modo sic intelligendo Deum habere scientiam necessariam de futuris contingentibus, quod Deus necessario sciat hoc futurum contingens, sic non est concedendum quod habeat scientiam necessariam. Quia sicut ipsum contingenter erit, ita Deus contingenter scit ipsum fore.

[Ad argumenta principalia]

Ad primum principale potest dici quod altera pars contradictionis est determinate vera ita quod non est falsa. Est tamen contingenter vera, et ideo ita est vera quod potest esse falsa, et potest numquam fuisse vera.

Et si dicatur quod propositio de praesenti semel vera habet aliquam propositionem de praeterito necessariam; sicut si haec sit semel vera « Sortes sedet », haec erit postea semper necessaria « Sortes sedit » ; igitur si haec sit modo vera « *a* est verum » – sit *a* propositio talis contingens – haec semper erit vera et necessaria « *a* fuit verum » :

Dicendum quod quando aliqua talis propositio de praesenti aequivalet propositioni de futuro vel dependet a veritate alicuius futuri, non oportet quod propositioni verae de praesenti correspondeat necessaria de praeterito[a]. Et ita est in proposito.

Ad secundum patet quod non sequitur « Deus habet scientiam necessariam de *a*, – nisi secundo modo accipiendo habere scientiam necessariam[b] –, igitur Deus necessario scit *a* ». Sed accipiendo primo modo habere scientiam necessariam, consequentia non valet.

Ad argumentum in oppositum patet per praedicta.

a. Voir *Traité*, q. 1 troisième supposition, *supra*, p. 99.

b. Voir *supra*, p. 210-211 (fin de la réponse de l'auteur) et *Traité*, q. 2, art. 4, Premièrement, *supra*, p. 139.

est nécessaire et immuable. En comprenant au second sens que Dieu a une science nécessaire des futurs contingents, parce qu'il saurait nécessairement ce futur contingent, il ne faut pas accorder qu'il ait une science nécessaire. Car tout comme ce contingent sera de manière contingente, Dieu sait également de manière contingente qu'il sera.

[Réponse à l'argument principal]

Au premier argument principal on peut répondre qu'une partie de la contradiction est vraie de manière déterminée, en ce qu'elle n'est pas fausse. Et pourtant, elle est vraie de façon contingente, et elle est vraie de telle sorte qu'elle peut être fausse, et peut n'avoir jamais été vraie.

Si l'on dit qu'une proposition sur le présent et vraie a une proposition au passé <correspondante> nécessaire; par exemple si « Socrate est assis » est vraie, celle-ci sera toujours nécessaire « Socrate a été assis », et donc si cette proposition est maintenant vraie « *a* est vrai » – où *a* est une telle proposition contingente, cette proposition « *a* a été vrai » sera toujours vraie et nécessaire.

Il faut répondre que quand une telle proposition au présent équivaut à une proposition au futur ou dépend de la vérité d'un futur, il n'est pas nécessaire qu'à la proposition vraie au présent corresponde une proposition nécessaire sur le passé. C'est ce qui est en cause.

Au second argument, il est évident que cette conséquence « Dieu a la science nécessaire de *a* donc Dieu sait nécessairement *a* » n'est bonne qu'en adoptant le second sens de « avoir une science nécessaire ». Mais en prenant « avoir une science nécessaire » au premier sens, la conséquence n'est pas bonne.

On voit par ce qui précède la réponse aux arguments en sens opposé.

[DISTINCTIO QUADRAGESIMA, QUAESTIO UNICA

UTRUM SIT POSSIBILE ALIQUEM PRAEDESTINATUM DAMNARI ET PRAESCITUM SALVARI][a]

Circa distinctionem quadragesimam quaero utrum sit possibile aliquem praedestinatum damnari et praescitum salvari[b].

Quod non :

Quia quando aliqua opposita sic se habent quod impossibile est unum succedere alteri, si unum inest, impossibile est aliud inesse. Sicut quia habitus non potest succedere privationi, si privatio inest, impossibile est habitum inesse. Sed esse praedestinatum et damnari sunt huiusmodi. Igitur impossibile est quod damnari succedat quod est praedestinatum. Igitur si aliquis est praedestinatus, impossibile est quod damnetur. Eodem modo potest argui de praescito, quia impossibile est quod salvari succedat illi quod est praescitum esse, igitur etc.

a. *Opera Theologica* IV, p. 592-597.

b. Je traduis *praescitum* par réprouvé, pour plus de clarté. Ockham parle ainsi de *reprobatum* dans le *Traité*. En disant seulement ici qu'il fait l'objet de prescience, Ockham se conforme sans doute à l'idée que la réprobation n'a de raison que du côté de la créature, et que c'est sur la base de la *prescience* de ses démérites que Dieu réprouve la créature.

ORDINATIO D. 40, Q.U.

[EST-IL POSSIBLE QU'UN PRÉDESTINÉ SOIT DAMNÉ
ET QU'UN RÉPROUVÉ SOIT SAUVÉ ?]

Sur la distinction 40, je demande s'il est possible qu'un prédestiné soit damné et un réprouvé sauvé.

Non :

Quand des opposés sont tels que l'un ne peut succéder à l'autre, si l'un est inhérent <à quelque chose>, il est impossible que l'autre le soit. Par exemple, du fait qu'un habitus ne peut succéder à une privation, si la privation est inhérente, il est impossible que l'habitus soit inhérent. Mais être prédestiné et être damné sont de ce type. Il est donc impossible que l'être damné succède à ce qu'est l'être prédestiné. Donc, si quelqu'un est prédestiné, il est impossible qu'il soit damné. De la même manière, on peut dire à propos du réprouvé qu'il est impossible que l'être sauvé succède à ce qu'est être réprouvé, donc, etc.

Ad oppositum :

Nullus salvabitur necessario; igitur quilibet salvabitur contingenter; igitur potest non salvari et per consequens potest damnari. Et eodem modo est de praescito.

[Solutio auctoris]

Circa istam quaestionem primo videndum est de re, secundo de logica. Circa primum tenendum est quod quicumque est praedestinatus, est contingenter praedestinatus, ita quod potest non praedestinari, et per consequens potest damnari quia potest non salvari : Hoc patet quia cuiuslibet salvatio dependet a voluntate divina contingenter causante. Igitur in potestate Dei est conferre cuicumque vitam aeternam vel non conferre. Igitur quicumque potest non salvari.

Praeterea, nulli adulto confertur vita aeterna nisi propter aliquod opus meritorium; sed omne meritorium est in potestate merentis; igitur talis potest non mereri et per consequens potest non salvari.

Eodem modo est de praescito, quia nullus damnatur poena perpetua – et hoc poena sensus – nisi propter suum demeritum; sed omne demeritum est in potestate demerentis; igitur potest non demereri, et per consequens potest non damnari, et per consequens potest salvari.

Et si arguatur contra istud quod omne immutabile est necessarium; sed praedestinatio divina est immutabilis; igitur est necessaria, et per consequens quicumque praedestinatur,

En sens opposé :

Nul ne sera sauvé nécessairement ; donc quiconque sera sauvé le sera de manière contingente ; il peut donc ne pas être sauvé, et par conséquent il peut être damné. Et il en va de même pour le réprouvé.

[Solution de l'auteur]

Sur cette question, il faut examiner un point de fait et un point de logique. Quant au premier, il faut soutenir que quiconque est prédestiné l'est de manière contingente, de sorte qu'il peut ne pas être prédestiné, et par conséquent peut être damné car il peut ne pas être sauvé. C'est évident car le salut de quiconque dépend de la volonté divine qui cause de manière contingente ; il est donc au pouvoir de Dieu de conférer ou de ne pas conférer la vie éternelle à quiconque. Donc quiconque peut ne pas être sauvé.

En outre, la vie éternelle n'est conférée à un adulte que pour une œuvre méritoire, mais tout mérite est au pouvoir de celui qui mérite ; donc un tel individu peut ne pas mériter et peut par conséquent ne pas être sauvé.

Il en va de même du réprouvé, car nul n'est condamné à une peine perpétuelle – c'est la peine de sens – si ce n'est en raison de son démérite [1] ; mais tout démérite est au pouvoir de celui qui démérite ; il peut donc ne pas démériter et peut par conséquent être sauvé.

Si l'on objecte à cela que tout ce qui est immuable est nécessaire, or la prédestination divine est immuable, donc elle est nécessaire et par conséquent quiconque est prédestiné

---

1. À la différence de la peine de dam (privation de la vision de Dieu), qui, selon Ockham, pourrait être due à autre chose qu'un démérite de la créature. Par exemple, pour les enfants morts sans baptême, la raison de la condamnation pourrait être le péché des parents, voir *Traité* q. 4.

necessario praedestinatur; et ultra igitur non potest non praedestinari et per consequens non potest damnari :

Dicendum quod omne immutabile reale est necessarium. Sed loquendo de immutabili complexo eo modo quo potest aliquod complexum mutari a veritate in falsitatem et e converso, – et aliquod complexum non potest sic mutari –, sic dicendum est quod non omne immutabile est necessarium [1]. Quia est aliquod complexum quod non potest esse primo verum et postea falsum nec e converso, et tamen non est necessarium sed contingens. Et causa est quia quantumcumque sit vel fuerit verum, possibile est quod non sit verum et quod numquam fuerit verum. Sicut haec est vera « Deus scit quod iste salvabitur et Deus scivit quod iste salvabitur », et tamen possibile est quod numquam sciverit quod iste salvabitur. Et ita impossibile est quod haec sit primo vera « iste salvabitur » et quod postea sit falsa vel e converso. Et per consequens est illo modo immutabilis, et tamen non est necessaria sed simpliciter contingens.

Quantum ad secundum de logica, dico quod quamvis nec ista propositio « praedestinatus potest damnari », nec ista « praescitus potest salvari », sit distinguenda secundum compositionem et divisionem, – quia non possunt fieri diversae punctuationes, retentis eisdem dictionibus et eodem ordine dictionum, ex quibus possunt diversi sensus generari –, sed tales sunt simpliciter verae, tamen tales propositiones « possibile est

l'est nécessairement ; de sorte qu'il ne peut pas ne pas être prédestiné, et par conséquent ne peut pas non plus être damné :

Il faut répondre que toute réalité immuable est nécessaire. Mais en parlant d'un complexe immuable au sens où un complexe peut passer de la vérité à la fausseté et inversement, – et certains complexes ne peuvent pas changer ainsi –, il faut dire que tout ce qui est immuable n'est pas pour autant nécessaire [1]. Car il y a un complexe qui ne peut pas être d'abord vrai et ensuite faux, ni l'inverse, et qui pourtant n'est pas nécessaire mais contingent. La cause en est que, quel que soit le temps pendant lequel il est ou a été vrai, il est possible qu'il ne soit pas vrai et qu'il n'ait jamais été vrai. Par exemple, cette proposition est vraie « Dieu sait que celui-ci sera sauvé et Dieu a su qu'il sera sauvé », et pourtant il est possible qu'il n'ait jamais su qu'il serait sauvé. Ainsi est-il impossible que cette proposition « il sera sauvé » soit d'abord vraie et ensuite fausse [avant le jugement dernier], ou l'inverse. Et par conséquent, cette proposition est immuable en ce sens, et pourtant elle n'est pas nécessaire mais absolument contingente.

Quant au second point, sur la logique, je dis que les propositions « le prédestiné peut être damné » et « le réprouvé peut être sauvé » ne peuvent être distinguées selon la composition et la division, – car on ne peut distinguer diverses ponctuations, en gardant les mêmes mots dans le même ordre, qui distingueraient les divers sens –, mais sont absolument vraies, et pourtant que ces autres propositions « il est possible que le

---

1. La distinction est proche de celle établie pour la science divine : en tant qu'acte identique à l'essence divine, la prédestination est nécessaire, mais le contenu, exprimé par une proposition, ne l'est pas (cf. *Traité, supra*, p. 89-91). Et Ockham continue avec une autre distinction semblable : ce contenu n'est pas nécessaire, il peut être faux, mais il est immuable : il ne peut pas changer de valeur de vérité (avant le jugement).

praedestinatum damnari» et «possibile est praescitum salvari» sunt distinguendae secundum compositionem et divisionem[1].

Et in sensu compositionis sunt simpliciter falsae, quia talis sensus exprimitur per istam propositionem «haec est possibilis : praedestinatus est damnatus». In sensu divisionis non denotatur nisi quod praedicatum possibiliter inest illi pro quo supponit subiectum, pro quo tamen potest numquam supposuisse. Et hoc est verum, quia ante beatitudinem subiectum istius propositionis «aliquis praedestinatus potest damnari» supponit pro Petro, et de Petro fuit verum dicere quod Petrus potest damnari. Tamen quantumcumque hoc subiectum «praedestinatus» supponat pro Petro, potuit tamen numquam supposuisse pro Petro. Et ideo non possunt istae duae propositiones «Petrus est praedestinatus», «Petrus damnatur» successive verificari.

Ex istis patet solutio quaestionis quod haec est distinguenda secundum compositionem et divisionem «possibile est praedestinatum damnari». In sensu compositionis falsa est, in sensu divisionis vera. Et eodem modo de ista «possibile est praescitum salvari».

[Ad argumentum principale]

Ad primum principale dico quod de talibus oppositis quae respiciunt futura contingentia non est verum quod si unum inest, impossibile est aliud inesse quantumcumque unum non possit alteri succedere. Sed in creaturis[2] non potest simile

prédestiné soit damné » et « il est possible que le réprouvé soit sauvé » doivent être distinguées selon la composition et la division[1].

Au sens composé elles sont absolument fausses, car voici le sens exprimé par cette proposition « ceci est possible : le prédestiné est damné ». Au sens divisé, il est seulement dénoté que le prédicat peut inhérer dans ce pour quoi suppose le sujet, et pour quoi il peut cependant n'avoir jamais supposé. Et cela est vrai, car avant la béatitude, le sujet de la proposition « un prédestiné peut être damné » suppose pour Pierre, et il a été vrai de dire de Pierre que Pierre peut être damné. Pourtant, aussi longtemps que le sujet « prédestiné » suppose pour Pierre, il a pu ne jamais supposer pour Pierre. C'est pourquoi ces deux propositions « Pierre est prédestiné » et « Pierre est damné » ne peuvent pas être vraies successivement.

On voit alors la solution de la question : il faut distinguer le sens composé et le sens divisé de cette proposition « il est possible que le prédestiné soit damné ». Au sens composé elle est fausse, au sens divisé elle est vraie. Il en va de même de celle-ci « il est possible que le réprouvé soit sauvé ».

[À l'argument principal]

Au premier argument principal, je réponds que de ces <prédicats> opposés qui concernent les futurs contingents, il n'est pas vrai que si l'un inhère il soit impossible que l'autre inhère quand bien même l'un ne pourrait succéder à l'autre. Mais on ne peut trouver de comparaison dans les créatures[2].

---

1. Sur la distinction du sens composé et du sens divisé des modales *cum dicto*, voir *supra*, p. 108-109.

2. Je comprends : on ne peut pas trouver des prédicats qui concernent les futurs contingents et soient attribués au présent (vocalement).

inveniri. Et isto modo est de istis oppositis : « praedestinari-
damnari », « praesciri-salvari ».

Et si quaeratur, iuxta praedicta, an sit possible numerum
praedestinatorum augeri vel minui, et eodem modo de numero
praescitorum :

Potest dici quod in sensu compositionis utraque est falsa.
Nam haec est impossibilis « numerus praedestinatorum est
auctus ». Tunc enim significaretur quod numerus praedestinatorum est primo minor et postea fit maior, et hoc est impossibile, quia successiva verificatio talium oppositorum nullo
modo potest poni. Et eodem modo est de ista « possibile est
numerum praedestinatorum minui », et sic uniformiter est de
alia dicendum.

Sed in sensu divisionis potest concedi. Quia tunc non
denotatur plus nisi quod, praeter illos qui nunc sunt praedestinati, posset aliquis salvari. Tamen ex hoc ipso quod poneretur
illum salvari, concedendum esset quod fuit ab aeterno de
numero praedestinatorum, et quod ille non fuit numerus sed
alius. Sicut ex hoc ipso quod unum ponitur, quodlibet sibi
repugnans est negandum.

Il en va ainsi de ces opposés « être prédestiné-être damné »,
« être réprouvé-être sauvé ».

Si l'on demande, d'après ce qui précède, s'il est possible
que le nombre des prédestinés soit augmenté ou diminué, et de
même à propos du nombre des réprouvés :

On peut dire qu'au sens composé chacune de ces
propositions est fausse. Car celle-ci est impossible « le nombre
des prédestinés est augmenté ». Elle signifierait en effet que le
nombre des prédestinés est d'abord plus petit, et ensuite plus
grand, et cela est impossible, car on ne peut en aucune façon
poser une vérification successive de ces opposés. De même
celle-ci « il est possible que le nombre des prédestinés soit
diminué », et on doit parler de la même façon des autres cas.

Mais on peut les concéder au sens divisé. Car alors il est
seulement dénoté que, outre ceux qui sont maintenant prédestinés, quelqu'un pourrait être sauvé. Pourtant, du fait qu'on
poserait qu'il soit sauvé, il faudrait concéder qu'il a(urait) été
de toute éternité au nombre des prédestinés, et que ce nombre
a(urait) été différent de ce qu'il est. De même du fait qu'une
chose est posée, tout ce qui s'y oppose est nié.

[DISTINCTIO QUADRAGESIMA PRIMA, QUAESTIO UNICA

[UTRUM IN PRAEDESTINATO SIT ALIQUA CAUSA SUAE PRAEDESTINATIONIS ET IN REPROBATO ALIQUA CAUSA SUAE REPROBATIONIS] [a]

Circa distinctionem quadragesimam primam quaero utrum in praedestinato sit aliqua causa suae praedestinationis et in reprobato aliqua causa suae reprobationis.

Quod sic :

Quia omnis voluntas recta est conformis rectae rationi; sed illa voluntas qua Deus praedestinat istum et non alium est recta; ergo est conformis rectae rationi. Igitur est aliqua ratio quare istum praedestinat et non alium; sed illa ratio non est in Deo, quia Deus aequaliter se habet ad omnes quantum est ex parte sua, cum non sit *acceptor personarum*; ergo est aliqua ratio in alio, et non nisi in praedestinato, igitur etc.

Praeterea, quia iste peccabit finaliter, ideo damnabitur. Igitur quia iste fuit peccaturus finaliter, ideo fuit damnandus. Sed ideo fuit reprobatus quia fuit damnatus. Igitur a primo :

ORDINATIO D. 41, Q.U.

[Y A-T-IL DANS LE PRÉDESTINÉ UNE CAUSE DE SA
PRÉDESTINATION ET DANS LE RÉPROUVÉ
UNE CAUSE DE SA RÉPROBATION?]

Sur la distinction 41 je demande s'il y a dans le prédestiné
une cause de sa prédestination et dans le réprouvé une cause de
sa réprobation.

Pour:

Toute volonté droite est conforme à la droite raison; mais
la volonté par laquelle Dieu prédestine celui-ci et non cet autre
est droite; elle est donc conforme à la droite raison. Donc il y a
une raison pour laquelle il prédestine celui-ci et non cet autre;
mais cette raison n'est pas en Dieu, car Dieu considère également tous les hommes pour ce qui dépend de lui, puisqu'il
ne fait pas *acception des personnes* [Act. 10, 34]; il y a donc
une raison dans un autre, qui ne peut être que le prédestiné;
donc, etc.

En outre, celui-ci sera damné parce qu'il aura péché
finalement. Donc c'est parce qu'il devait pécher finalement
que celui-ci devait être damné. Mais il a été réprouvé parce
qu'il a été damné. Donc, à partir de la première inférence: il a

ideo fuit reprobatus quia fuit peccaturus. Sed in tali consequentia denotatur antecedens esse causa consequentis. Ergo
peccatum futurum fuit causa reprobationis suae.

Ad oppositum :

Nullius aeterni potest aliquid temporale esse causa; sed
tam praedestinatio quam reprobatio aeterna est, et quidquid est
in creatura est temporale; igitur nihil quod est in creatura potest
esse causa praedestinationis vel reprobationis.

[Opinio Thomae Aquinatis]

Ad quaestionem dicitur quod praedestinatio ex parte actus
praedestinantis nullam causam habet secundum omnes. Sed
dubium est an habeat causam ex parte effectus praedestinationis. Et quantum ad hoc dicitur quod « effectum praedestinationis possumus dupliciter considerare. Uno modo in parti-
culari, et sic nihil prohibet unum effectum praedestinationis
esse rationem et causam alterius », ita quod posterior sit causa
finalis et prior causa meritoria posterioris. « Sicut si dicamus
quod Deus praeordinavit se daturum alicui gloriam ex meritis,
et quod praeordinavit se daturum gratiam, ut mereretur
gloriam ».

« Alio modo potest considerari effectus praedestinationis,
et sic est impossibile quod totus effectus praedestinationis
in communi habeat aliquam causam ex parte nostra. Quia
quidquid est in homine ordinans ipsum in salutem, totum
comprehenditur sub effectu praedestinationis, etiam ipsa
prima praeparatio ad gratiam; neque enim est hoc nisi per
auxilium divinum » [a].

Et si quaeratur an sit aliqua causa quare aliqui reprobantur
dicit quod sic, scilicet ad repraesentandum multipliciter

---

a. Ces citations sont tirées de la *Somme de théologie* I, q. 23.

été réprouvé parce qu'il allait pécher (finalement). Son péché futur a donc été la cause de sa réprobation.

Contre :

Quelque chose de temporel ne peut être la cause de rien d'éternel ; mais la prédestination comme la réprobation sont éternelles, et tout ce qui est dans la créature est temporel ; donc rien de ce qui est dans la créature ne peut être la cause de la prédestination ou de la réprobation.

[Opinion de Thomas d'Aquin]

On répond à cette question que, selon tous les auteurs, la prédestination n'a aucune cause du côté de l'acte de prédestiner. Mais on se demande s'il a une cause du côté de l'effet de la prédestination. Et on dit sur ce point que « nous pouvons considérer l'effet de la prédestination de deux façons. Premièrement, en particulier, et ainsi rien n'empêche qu'un effet de la prédestination soit la raison et la cause d'un autre », de sorte que la cause finale soit postérieure et la cause méritant ce qui est postérieur soit antérieure. « Par exemple, si nous disons que Dieu a préordonné qu'il donnerait la gloire à quelqu'un en fonction de ses mérites, et qu'il a préordonné qu'il donnerait la grâce, pour qu'il mérite la gloire ».

« On peut considérer l'effet de la prédestination autrement, et il est impossible que l'effet tout entier de la prédestination en général ait une cause de notre côté. Car tout ce qui est dans l'homme et l'ordonne au salut est tout entier compris dans l'effet de la prédestination, y compris la première préparation à la grâce ; et cela n'est que par l'aide divine ».

Si l'on demande s'il y a une cause pour laquelle certains sont réprouvés, il répond que oui, à savoir pour manifester de bonitatem divinam. «Unde si consideremus totum genus humanum, sicut totam rerum universitatem, sic voluit Deus quantum ad aliquos, quos praedestinat, suam bonitatem repraesentare per modum misericordiae parcendo; et quantum ad alios, quos reprobat, per modum iustitiae puniendo. Sed quare hos elegit in gloriam et illos reprobavit, non habet rationem nisi divinam bonitatem »[a].

[Contra opinionem Thomae]
Contra istam opinionem. Primo quod dicit quod totus effectus praedestinationis non habet aliquam causam, non videtur verum. Quia totus effectus praedestinationis repugnat, secundum leges ordinatas, exsistenti in peccato mortali; igitur nihil quod est in exsistente in peccato mortali est effectus praedestinationis. Sed opera bona ex genere facta in peccato mortali sunt aliquo modo causa quare Deus dat alicui gratiam. Unde secundum Sanctos et Doctores, quamvis opera facta in peccato mortali nihil faciant ad vitam, nec remunerabuntur in vita aeterna, tamen remunerantur temporaliter, et sunt facienda ut citius Deus det alicui gratiam qua mereatur vitam aeternam. Igitur aliquo modo, quamvis non sufficienter nec simpliciter meritorie, talia opera bona disponunt ad gratiam, et per consequens ad effectum praedestinationis.

Nec sua ratio valet. Nam licet quidquid in homine ordinans ipsum ad salutem – tamquam quo posito est dignus vita aeterna – comprehendatur sub effectu praedestinationis, non tamen omne quocumque modo ordinans, scilicet disponendo vel impedimentum amovendo, comprehenditur sub

a. *Ibid.* ad 3.

manière diverse la bonté divine. « C'est pourquoi, si nous considérons le genre humain tout entier, comme tout l'univers des choses, Dieu a voulu quant à ceux qu'il prédestine, représenter sa bonté sur le mode de la miséricorde, en épargnant ; et quant aux autres, qu'il réprouve, la manifester sur le mode de la justice, en punissant. Mais pourquoi il a choisi ceux-ci pour la gloire et a réprouvé ceux-là, il n'y a d'autre raison que la bonté divine ».

[Contre l'opinion de Thomas]

Contre cette opinion. D'abord, sur le point que l'effet tout entier de la prédestination n'a pas de cause, cela ne semble pas vrai. Car l'effet tout entier de la prédestination s'oppose, selon les lois ordinaires, à l'existence dans l'état de péché mortel ; par conséquent rien de ce qui est dans celui qui existe en état de péché mortel n'est un effet de la prédestination. Mais les œuvres bonnes en leur genre réalisées en état de péché mortel sont d'une certaine façon la cause pour laquelle Dieu donne la grâce à quelqu'un. C'est pourquoi selon les Saints et les Docteurs, bien que les œuvres faites en état de péché mortel ne contribuent en rien à la vie, ni ne seront rémunérées dans la vie éternelle, elles sont néanmoins rémunérées temporellement, et doivent être réalisées pour que Dieu donne plus tôt sa grâce à quelqu'un pour qu'il mérite la vie éternelle. Donc, d'une certaine façon, bien que ce ne soit pas suffisant ni absolument méritoire, de telles œuvres bonnes disposent à la grâce, et par conséquent à l'effet de la prédestination.

Et son argument ne vaut pas. Car bien que tout ce qui dans l'homme l'ordonne au salut – et qui étant posé le rend digne de la vie éternelle – soit compris dans l'effet de la prédestination, cependant tout ce qui ordonne d'une certaine façon, à savoir en disposant ou en écartant les obstacles, n'est pas compris dans

effectu praedestinationis. Et huiusmodi est ipsa praeparatio ad gratiam quae non sub effectu praedestinationis cadit. Quia quidquid praecedit gratiam est commune exsistenti in peccato mortali et digno poena aeterna et digno vita aeterna. Sed praeparatio ad gratiam praecedit gratiam; igitur est communis utrique; ergo non est effectus praedestinationis.

Nec valet quod dicitur quod non potest fieri nisi per auxilium divinum. Quia non omne quod non potest fieri nisi per auxilium divinum est effectus praedestinationis, quia nihil positivum potest fieri nisi per auxilium divinum, et tamen non quidlibet tale est effectus praedestinationis.

Contra aliud quod est causa quare aliquos praedestinat et alios reprobat, scilicet ostensio suae bonitatis, hoc non videtur verum. Quia qui intendit aliquid, intendit illud quod ordinatur ad illud et sine quo non poneretur. Sed punitio aeterna non poneretur sine peccato, et peccatum ad punitionem aeternam ordinatur. Ergo qui simpliciter et primo et praecise propter aliud intendit punitionem aeternam, scilicet propter manifestationem suae bonitatis, intendit peccatum. Sed peccatum non intendit Deus. Igitur non praecise intendit punitionem aeternam propter ostensionem bonitatis suae.

Item, aliud quod dicit quod non est ratio quare hos eligit et illos reprobavit, hoc non videtur verum. Quia quando non est aliqua ratio quare de aequalibus fiunt inaequalia nisi sola voluntas facientis, stantibus illis aequalibus et nulla diversitate illis adveniente, nihilominus de illis fierent diversa. Verbi gratia, in exemplis suis, quare haec pars materiae sit sub illa forma et alia pars materiae sit sub alia forma, non est ratio nisi

l'effet de la prédestination. Sont de cet ordre la préparation à la grâce qui ne tombe pas sous l'effet de la prédestination, car tout ce qui précède la grâce est commun à quiconque se trouve en état de péché mortel qu'il soit digne de la peine éternelle ou qu'il soit digne de la vie éternelle. Mais la préparation à la grâce précède la grâce; elle est donc commune à l'un et à l'autre, et elle n'est donc pas l'effet de la prédestination.

Et l'idée que <l'œuvre bonne> ne peut être réalisée que par l'aide divine n'est pas valable. En effet, tout ce qui ne peut être réalisé que par l'aide divine n'est pas pour autant l'effet de la prédestination, car rien de positif ne peut être réalisé sans l'aide divine, et pourtant tout ce qui est tel n'est pas effet de la prédestination.

Contre l'argument que la cause pour laquelle il prédestine les uns et réprouve les autre est la manifestation (*ostensio*) de sa bonté, cela ne semble pas vrai. En effet, qui vise quelque chose, vise ce qui est ordonné à cette chose et sans quoi elle ne serait pas posée. Mais la punition éternelle ne serait pas posée sans le péché, et le péché est ordonné à la punition éternelle. Donc celui qui vise une punition éternelle de manière absolue et première, et en vue d'autre chose, à savoir pour la manifestation de sa bonté, vise le péché. Mais Dieu ne vise pas le péché. Il ne vise donc pas précisément la punition éternelle pour la manifestation de sa bonté.

De même, l'argument qui dit qu'il n'y a pas de raison pour laquelle il a choisi ceux-ci et réprouvé ceux-là ne semble pas vrai. Car quand la seule raison pour laquelle des égaux sont traités inégalement est la volonté de celui qui agit, alors que les égaux restent égaux et qu'aucune diversité ne se produit entre eux, néanmoins ils seraient traités diversement. Ainsi, en suivant ses exemples, la raison pour laquelle cette partie de matière reçoit cette forme et cette autre partie de matière cette

sola voluntas divina. Et ideo ad hoc quod haec pars materiae fiat sub illa forma et illa sub alia forma, non requiritur diversitas praevia ex parte materiae, immo nulla diversitate praevia, fit actualiter ista materia sub hac forma, et illa sub illa forma.

Similiter, quia non est aliqua ratio quare figulus de ista parte massae facit vas in honorem, et de illa parte eiusdem massae facit vas in contumeliam, nisi sola voluntas facientis, ideo etsi nulla praecedit diversitas in partibus massae, nihilominus faciet de diversis partibus diversa vasa.

Igitur si non sit aliqua ratio, nisi sola voluntas divina, quare iste reprobatur et per consequens quare isti datur poena aeterna, et quare iste praedestinatur et per consequens quare sibi datur vita aeterna, quantumcumque isti remaneant semper aequales, et quidquid faceret unus faceret alius, nihilominus unus damnabitur et alius salvabitur, et per consequens si unus illorum numquam peccasset, nihilominus damnabitur.

Praeterea, quandocumque nulla est ratio quare aliquid alicui confertur nisi sola ratio conferentis, tunc non est ratio quare sibi confertur maius vel minus nisi sola voluntas conferentis. Igitur si nulla sit ratio quare iste praescitur ad poenam aeternam nisi sola voluntas divina, nulla alia erit ratio quare iste praescitur ad poenam aeternam maiorem vel minorem.

[Opinio Scoti]

Ideo dicitur «aliter quod praedestinationis nulla est ratio, etiam ex parte praedestinati, aliquo modo prior

autre forme n'est que la seule volonté divine. C'est pourquoi pour que cette partie de matière reçoive cette forme-ci et cette autre partie cette forme-là, aucune diversité préalable de la matière n'est requise, au contraire sans aucune diversité préalable cette matière reçoit actuellement cette forme-ci et cette autre matière cette forme-là.

De la même manière, puisque la seule raison pour laquelle le potier fait de cette partie de la masse un vase d'honneur, et de cette autre partie de la même masse un vase d'ignominie, est la volonté de l'artisan, même s'il n'y a aucune diversité préalable dans les parties de la masse, il fera néanmoins divers vases à partir de parties diverses.

Par conséquent, s'il n'y a d'autre raison que la volonté divine pour laquelle celui-ci est réprouvé et par conséquent pour laquelle il reçoit la peine éternelle, et pour laquelle celui-là est sauvé et reçoit par conséquent la vie éternelle, quand bien même ces deux-là restent toujours égaux, et que l'un ferait tout ce que l'autre ferait, néanmoins l'un sera damné et l'autre sauvé, et par conséquent si l'un d'eux n'avait jamais péché, il sera néanmoins damné.

En outre, il n'y a parfois aucune raison pour laquelle quelque chose est conféré à quelqu'un sinon la raison de celui qui confère. Il n'y a alors pas de raison pour laquelle il reçoit plus ou moins, sinon la volonté de celui qui confère. Par conséquent, si la seule raison pour laquelle celui-ci est destiné à la peine éternelle est la volonté divine, il n'y aura pas de raison pour laquelle il est destiné à une peine éternelle plus grande ou moins grande.

[Opinion de Scot]
C'est pourquoi on dit « autrement qu'il n'y a pas de raison de la prédestination, même du côté du prédestiné, qui soit

ipsa praedestinatione; reprobationis tamen eius est aliqua ratio, non quidem propter quam Deus effective reprobat in quantum actio est a Deo, sed propter quam ista actio sic terminatur ad illud obiectum et non ad aliud ».

« Primum probatur, quia ordinate volens finem et ea quae sunt ad finem, prius vult finem quam aliquod eorum quae sunt ad finem, et propter finem vult alia; ergo cuin in toto processu quo creatura beatificabilis perducitur ad perfectum finem, finis ultimus sit perfecta beatitudo, Deus – volens huic aliquid illius ordinis – primo vult huic creaturae beatificabili finem, et quasi posterius vult sibi alia quae sunt ad illum finem. Igitur primo vult Deus isti beatitudinem quam aliquod aliorum; et prius vult ei quodcumque eorum quam praevideat ipsum quodcumque eorum habiturum, ergo propter nullum eorum praevisum vult ei beatitudinem ».

« Secundum probatur, quia damnatio non videtur bona nisi quia iusta, nam – secundum Augustinum *Super Genesini* XI – « non est prius Deus ultor quam aliquis sit peccator » (videtur enim esse crudelitatis punire aliquem, non praeexsistente in eo culpa); ergo a simili, non vult Deus prius punire quam videat aliquem esse peccatorem. Igitur primus actus voluntatis divinae non est velle damnare Iudam prout Iudas offertur in puris naturalibus (quia tunc vellet damnare sine culpa), sed videtur quod oportet Iudam offeri voluntati Dei sub ratione peccatoris antequam velit eum damnare. Igitur cum reprobare sit velle damnare, reprobatio habet ex parte obiecti rationem, scilicet peccatum finale praevisum » [a].

a. Tout ce texte est copié de Scot, *Ordinatio* I, d. 41, q. u., n. 40-42 (Vat. VI, p. 332-333).

d'une certaine façon antérieure à la prédestination elle-même ; tandis qu'il y a une raison de la réprobation, non certes une raison pour laquelle Dieu réprouve effectivement en tant que l'action vient de Dieu, mais pour laquelle cette action se termine ainsi dans cet objet et non dans cet autre. »

« La preuve du premier point est que celui qui veut de manière ordonnée la fin et ce qui est en vue de la fin, veut la fin avant l'un de ces moyens, et veut les autres choses pour la fin ; donc alors que dans tout le processus par lequel la créature béatifiable est conduite à la fin parfaite, la fin ultime est la béatitude parfaite, Dieu – qui veut quelque chose de cet ordre pour celui-ci, veut d'abord la fin pour cette créature béatifiable, et pratiquement ensuite il veut pour elle les moyens en vue de cette fin. Par conséquent, Dieu veut pour celui-ci la béatitude avant toute autre chose, et il lui veut l'une de ces autres choses avant de prévoir qu'il l'aura, et ne veut donc pour lui la béatitude en raison d'aucune des choses qu'il a prévues ».

« La preuve du second point est que la damnation ne semble bonne que parce qu'elle est juste, car, selon Augustin *Sur la Genèse* XI [c. 17, n. 22], « Dieu n'est pas vengeur avant qu'on soit pécheur» (il semble en effet qu'il y ait de la cruauté à punir quelqu'un sans qu'une faute préexiste en lui) ; donc de la même façon, Dieu ne veut pas punir avant de voir que quelqu'un est pécheur. Le premier acte de la volonté divine n'est donc pas de vouloir damner Judas en tant que Judas lui est présenté dans ses conditions naturelles pures (car alors il voudrait le damner sans faute <de sa part>), mais il semble que Judas doive être présenté à la volonté divine sous la raison de pécheur avant que Dieu ne veuille le damner. Donc, réprouver étant vouloir damner, la réprobation a une raison du côté de l'objet, à savoir le péché final prévu ».

[Contra rationes Scoti]

Quamvis ista opinio possit sustineri quantum ad illam partem de reprobatione, tamen non videtur quin aliquando ita sit ratio praedestinationis sicut reprobationis. Quia sicut « Deus non prius est ultor quam aliquis sit peccator », ita non prius aliquando Deus est retributor vel beatificans quam aliquis sit primo iustificatus per gratiam. Igitur sicut peccatum finale praevisum est ex parte obiecti ratio reprobationis, ita aliquando gratia vel meritum praecedens praevisum est ratio praedestinationis.

Praeterea, ratio non videtur concludere, quia non semper aliquis prius vult finem alicuius quam illud quod est ad finem illum. Et hoc est quando finis ille non datur nisi propter aliquid praecedens quod est ad finem. Et sic videtur esse in proposito quod beatitudo ista aliquando non datur alicui nisi propter merita. Igitur tunc non oportet Deum prius velle finem, qui est beatitudo istius, quam velit illud quod est ad finem.

Similiter non videtur bene dictum quod Deus velit prius finem quam illud quod est ad finem, quia non est ibi talis prioritas actuum, nec sunt ibi talia instantia qualia iste ponit, sicut prius est ostensum[a].

[Responsio auctoris]

Ideo sine praeiudicio et assertione temeraria potest aliter dici ad quaestionem. Et primo videndum est de terminis quid per eos intelligatur; secundo ad quaestionem.

Circa primum, primo videndum est quid sit « reprobatio » et quid « praedestinatio »; secundo quid intelligitur per « causam ». Circa primum dico quod praedestinatio non est aliquid imaginabile in Deo distinctum quocumque modo a Deo et personis et deitate, ita quod non est aliquis

a. Voir *Ordinatio* d. 9, q. 3 et d. 12, q. 3, d. 35, q. 4.

[Contre les arguments de Scot]

Bien que cette opinion puisse être soutenue quant à la partie qui concerne la réprobation, il ne semble pas que parfois il n'y ait pas de raison de la prédestination comme il y en a de la réprobation. Car, tout comme « Dieu n'est pas vengeur avant qu'on soit pécheur », Dieu n'est pas non plus rétributeur ou béatifiant avant qu'on soit d'abord justifié par la grâce. Donc, tout comme le péché final prévue est la raison de la réprobation du côté de l'objet, de même parfois la grâce ou le mérite précédent prévu est la raison de la prédestination.

En outre, l'argument ne semble pas concluant, car on ne veut pas toujours la fin avant ce qui est en vue de cette fin. C'est le cas quand cette fin n'est donnée qu'à cause de quelque chose d'antérieur qui est en vue de la fin. Il semble ainsi à propos que la béatitude ne soit donnée parfois à quelqu'un qu'en raison de ses mérites. Dieu ne doit donc pas nécessairement vouloir la fin, qui est la béatitude de celui-ci, avant de vouloir ce qui est en vue de la fin.

De la même manière, il ne semble pas correct de dire que Dieu veut la fin avant ce qui est en vue de la fin, car il n'y a pas en lui une telle antériorité entre les actes, ni des exemples tels que ceux qu'il pose, comme on l'a montré plus haut.

[Réponse de l'auteur]

Sans préjugé ni assertion téméraire on peut répondre autrement à la question. Il faut d'abord voir ce qu'ils entendent par les termes utilisés, et ensuite répondre à la question.

Sur le premier point, il faut voir d'abord le sens de « réprobation » et de « prédestination », ensuite ce que l'on entend par « cause ». Sur le premier point, je dis que la prédestination n'est rien d'imaginable en Dieu distinct d'une certaine façon de Dieu, des personnes et de la déité, de sorte que ce n'est pas un

actus secundus adveniens deitati, sed importat ipsum Deum qui est daturus alicui vitam aeternam, et ita importat ipsum et vitam aeternam quae dabitur alicui. Et eodem modo est de reprobatione quod importat Deum daturum alicui poenam aeternam, et nihil adveniens Deo.

Circa secundum de « causa », distinguo quod dupliciter accipitur. Uno modo pro re aliqua habente aliam rem tamquam effectum, et isto modo potest dici causa « illud quo posito aliud ponitur, et non ponitur illud aliud sine eo ». Alio modo accipitur causa, non pro re aliqua respectu alterius rei, sed magis denotat quamdam prioritatem unius propositionis ad aliam secundum consequentiam. Sicut si dicamus quod causa quare ignis non calefacit est quia non habet calorem vel quia non est approximatus passo. Et sic dicitur frequenter quod antecedens est causa consequentis, et tamen non est proprie nec causa efficiens nec materialis nec formalis nec finalis. Unde quando ab una propositione ad aliam est consequentia naturalis et non e converso, tunc potest aliquo modo dici quod antecedens est causa consequentis et non e converso. Verumtamen hoc vel raro vel numquam contingit nisi quia in re aliquid est causa alterius, vel potest esse vel fuit[a].

His dictis, dico ad quaestionem quod reprobationis est aliqua causa, accipiendo saltem secundo modo causam. Nam ista causalis est vera « quia iste peccabit finaliter, ideo damnabitur ». Ad hoc etiam sufficit ratio ultimae opinionis.

Sed de praedestinatione videtur esse magis dubium. Et quantum ad hoc potest dici sine praeiudicio et assertione quod alicuius praedestinationis est aliqua causa et ratio, et alicuius non est talis ratio et causa. Et huius ratio est quia aliqui propter merita salvabuntur, ita quod si non voluntarie mererentur,

a. Voir q. 1, neuvième supposition, *supra*, p. 110-111.

acte second qui advient à la déité, mais le mot signifie Dieu et la vie éternelle qu'il donnera à quelqu'un. Il en va de même de la réprobation qui signifie que Dieu donnera la peine éternelle à quelqu'un, et rien qui advienne à Dieu.

Sur le second point et le mot « cause », je distingue deux sens. On l'entend en un sens pour la chose qui en a une autre pour effet, et en ce sens on peut appeler cause « ce qui est tel qu'étant posé autre chose est posé, qui n'est pas posé sans lui ». En un autre sens on entend par « cause », non une chose à l'égard d'une autre chose, mais plutôt une certaine priorité d'une proposition sur une autre selon un rapport de conséquence. Par exemple, si nous disons que la cause pour laquelle le feu ne chauffe pas est qu'il n'a pas de chaleur ou qu'il n'est pas approché d'un patient. On dit ainsi fréquemment que l'antécédent est la cause du conséquent, bien qu'il ne soit au sens propre ni cause efficiente, ni matérielle, ni formelle, ni finale. C'est pourquoi quand il y a une conséquence naturelle d'une proposition à une autre, et non l'inverse, on peut dire que l'antécédent est d'une certaine manière la cause du conséquent et non l'inverse. Mais cela arrive rarement, voire jamais, sans qu'il y ait, ou qu'il puisse y avoir ou qu'il y ait eu, dans la chose une cause de l'autre.

Cela étant dit, je réponds à la question qu'il y a une cause de la réprobation au second sens de cause du moins. Car cette proposition causale est vraie « celui-ci sera damné parce qu'il a péché à la fin ». L'argument de la dernière opinion suffit sur ce point.

Il semble qu'il y a plus d'hésitation sur la prédestination. Sur ce point, on peut dire sans préjugé ni affirmation qu'il y a une cause et une raison de la prédestination de certains, mais pas d'autres. La raison en est que certains sont sauvés en raison de leurs mérites, de sorte que s'ils n'avaient pas mérité volon-

non salvarentur. Aliqui autem solum ex gratia speciali sunt ordinati ad vitam aeternam, ita quod sibi ipsis non sunt derelicti sicut alii, sed praeveniuntur ne possint ponere obicem ne perdant vitam aeternam. Sicut fuit de Beata Virgine et de quibusdam aliis, qui praeveniebantur gratia divina ne peccarent et perderent vitam aeternam.

Praedestinationis primorum videtur esse aliqua ratio, quia sicut damnati ideo reprobantur quia praevidentur peccaturi finaliter, – cum « Deus non prius est ultor quam aliquis sit peccator » –, ita est de quibusdam praedestinatis quod praedestinantur quia praevidentur finaliter perseverare in caritate, et Deus non conferreret eis vitam aeternam nisi prius mererentur vitam aeternam.

Secundorum non videtur esse ratio quare praedestinantur nisi quia Deus vult. Ita quod quidquid dat eis, dat ut consequantur vitam aeternam, nec permittit eis aliquid inesse quod possit eos impedire a vita aeterna.

Causa autem quare istos praedestinat sine omni ratione et alios propter rationem, non est nisi divina voluntas. Sicut causa quare beatus Paulus fuit percussus a Deo et conversus sine meritis quibuscumque praeviis, et alius non sic, non est causa nisi divina voluntas.

[Instantiae contra praedicta]

Et si dicatur contra praedicta quod eodem modo debent omnes praedestinati praedestinari sicut omnes reprobi eodem modo reprobantur, igitur non debet esse ratio quare aliqui praedestinantur et nulla quare alii praedestinantur.

tairement, ils ne seraient pas sauvés. Mais certains sont ordonnés à la vie éternelle seulement par une grâce spéciale, de sorte qu'ils ne sont pas laissés à eux-mêmes comme les autres, mais sont empêchés de pouvoir mettre un obstacle et perdre la vie éternelle. Il en fut ainsi de la Bienheureuse Vierge et de certains autres qui ont été empêchés par la grâce divine de pécher et de perdre la vie éternelle.

Il semble qu'il y ait une raison de la prédestination des premiers, car tout comme les damnés sont réprouvés parce que leur péché final a été prévu, – « puisque Dieu n'est pas vengeur avant que l'on soit pécheur » –, il en va ainsi de certains prédestinés qui sont prédestinés parce qu'il a été prévu qu'ils persévéreraient dans la charité, et que Dieu ne leur conférerait la vie éternelle que s'ils la méritaient au préalable.

Pour les seconds, il ne semble pas qu'il y ait une raison de leur prédestination sinon parce que Dieu le veut. Ainsi, tout ce qu'il leur donne, il le donne pour qu'ils obtiennent la vie éternelle, et il ne permet pas que quelque chose soit en eux qui puisse les en empêcher.

La cause pour laquelle il prédestine les uns sans raison et les autres pour une raison n'est que la volonté divine. Tout comme la cause pour laquelle le bienheureux Paul fut frappé et converti par Dieu sans mérites préalables, alors qu'il n'en fut pas ainsi des autres, n'est nulle autre que la volonté divine.

[Objections contre ce qui précède]

Si l'on dit contre ce qui précède que tous les prédestinés doivent être prédestinés de la même manière comme tous les réprouvés le sont de la même manière, de sorte qu'il ne doit pas y avoir de raison pour laquelle certains sont prédestinés et aucune pour laquelle d'autres sont prédestinés.

Similiter, si Deus sine omni ratione praedestinaret istum et propter rationem praedestinaret illum, Deus esset *acceptor personarum*.

Similiter, non videtur bene dictum quod ideo praedestinat istum propter merita sua, quia si iste numquam habuisset merita et fuisset sine originali peccato et mortali, fuisset salvatus, igitur non propter merita.

Similiter, Beata Virgo fuit salvata propter merita sua, igitur praedestinationis eius fuit aliqua causa sicut et aliorum.

[Responsio ad instantias]

Ad primum istorum potest dici quod non omnes eodem modo praedestinantur, ita scilicet quod omnium sit ratio praedestinationis vel nullorum, sicut non omnes eodem modo receperunt gratiam. Aliqui enim fuerunt sanctificati ante nativitatem suam et aliqui non. Et quare isti fuerunt sanctificati ante nativitatem et illi non, nulla ratio est nisi divina voluntas, quia Deus sic voluit. Ita quare praedestinationis istorum est aliqua ratio et aliorum non, nulla ratio est.

Ad aliud potest dici quod non est *acceptor personarum* nisi quando sunt aequales et aliquid debetur utrique, et uni confertur et alteri non. Sed in proposito Deus nulli est debitor quocumque modo, et ideo non potest esse acceptor personarum.

Ad aliud potest dici quod quamvis iste fuisset salvatus si fuisset mortuus statim post Baptismum sine omni merito et demerito, tamen cum hoc stat quod fuit praedestinatus propter merita. Sed ex hoc sequitur quod potuit fuisse praedes-

De même, si Dieu prédestinait celui-ci sans aucune raison et celui-là pour une raison, Dieu ferait acception des personnes [Act. 10, 34].

De même, il ne semble pas correct de dire qu'il prédestine celui-ci pour ses mérites pour la raison que si celui-ci n'avait jamais eu de mérites et avait été sans péché originel ni péché mortel, il aurait été sauvé, donc il ne l'a pas été pour ses mérites.

De même, la Bienheureuse Vierge a été sauvée pour ses mérites, donc sa prédestination comme celle des autres a eu une cause.

[Réponse aux objections]

À la première de ces objections on peut dire que tous ne sont pas prédestinés de la même manière, à savoir de telle sorte qu'il y aurait une raison pour la prédestination de tous, ou qu'il n'y en aurait pour la prédestination d'aucun, de même que tous n'ont pas reçu la grâce de la même manière. Certains en effet ont été sanctifiés avant leur naissance, et d'autres non. Et il n'y a pas d'autre raison pour laquelle ceux-ci furent sanctifiés avant la naissance et ceux-là non que la volonté divine, parce que Dieu l'a voulu ainsi. Ainsi, il n'y aucune raison pour laquelle il y a une raison à la prédestination des uns et aucune à celle des autres.

À la deuxième objection on peut dire qu'on fait acception des personnes quand elles sont égales et que quelque chose est dû à chacune et est conféré à l'une et pas à l'autre. Mais dans le cas envisagé Dieu n'est débiteur de personne en aucune façon, et ne peut donc pas faire acception des personnes.

À la troisième on peut dire que bien que celui-ci eût été sauvé s'il était mort juste après le baptême sans aucun mérite ni démérite de sa part, il peut néanmoins être maintenu qu'il a été prédestiné pour ses mérites. Mais il s'ensuit qu'il aurait pu être

tinatus non propter merita, et hoc est verum, et non repugnat praedictis.

Ad aliud potest dici quod Beata Virgo fuit salvata et magis beatificata propter merita sua. Deus tamen ordinavit quod sic salvaretur: ita quod praeordinavit eam ad vitam aeternam, tamen per talia media per quae deveniebat.

[Ad rationes Thomae Aquinatis]

Ad rationes pro prima opinione dico quod non omne ordinans quocumque modo ad vitam aeternam est effectus praedestinationis. Sed ipsa vita aeterna est illud ad quod nos praedestinamur. Non autem proprie praedestinatio est respectu alicuius nisi respectu vitae aeternae.

[Ad rationes Scoti]

Ad rationes pro secunda opinione dici potest quod ordinate volens finem sui ipsius et ea quae sunt ad finem, prius vult finem. Sed non oportet quod ordinate volens finem unius alterius et ea quae sunt ad finem quod prius velit illius finem quam illud quod est ad finem. Nunc autem beatitudo, respectu cuius est praedestinatio, non est finis Dei praedestinantis, sed est finis praedestinati. Et ideo oportet quod praedestinatus volens finem et ea quae sunt ad finem, prius velit propriam beatitudinem quam aliquid quod est ad illum finem. Non tamen oportet quod Deus prius velit illum finem praedestinati quam velit ea quae sunt ad finem.

[Ad argumenta principalia et in oppositum]

Ad primum principale, quia probat quod generaliter tam in praedestinato quam in reprobato est aliqua ratio et causa, potest dici quod omnis voluntas recta est confor-

prédestiné sans que ce soit pour ses mérites, et cela est vrai et ne s'oppose pas à ce qui précède.

À la quatrième on peut dire que la Bienheureuse Vierge a été sauvée et plus béatifiée en raison de ses mérites. Pourtant Dieu a ordonné qu'elle serait sauvée de telle sorte qu'il l'a préordonnée à la vie éternelle, mais par les moyens par lesquels elle y devait y parvenir.

[Réponse aux arguments de Thomas]

Aux arguments en faveur de la première opinion, je dis que tout ce qui ordonne d'une façon à la vie éternelle n'est pas l'effet de la prédestination. Mais la vie éternelle est ce à quoi nous sommes prédestinés. La prédestination n'est donc au sens propre à l'égard de rien d'autre que la vie éternelle.

[Réponse aux arguments de Scot]

On peut répondre aux arguments en faveur de la seconde opinion que celui qui veut de manière ordonnée sa fin propre et ce qui est en vue de la fin, veut la fin en premier. Mais il n'est pas nécessaire que celui qui veut la fin d'un autre et ce qui est en vue de la fin veuille la fin de cet autre avant ce qui est en vue de cette fin. Or, la béatitude, pour laquelle il y a prédestination, n'est pas la fin de Dieu qui prédestine, mais est la fin du prédestiné. Il faut donc que le prédestiné qui veut sa fin et ce qui est en vue de la fin, veuille sa propre béatitude avant ce qui est en vue de cette fin. Mais il n'est pas nécessaire que Dieu veuille la fin du prédestiné avant de vouloir ce qui est en vue de cette fin.

[Réponse aux arguments principaux et aux arguments en sens opposé]

Au premier argument principal, qui prouve qu'en général il y a une raison et une cause aussi bien dans le prédestiné que dans le réprouvé on peut dire que toute volonté droite est

mis rationi rectae, sed non semper est conformis rationi rectae praeviae quae ostendat causam quare debet voluntas hoc velle. Sed eo ipso quod voluntas divina hoc vult, ratio recta dictat quod est volendum.

Secundum principale potest concedi gratia conclusionis.

Ad argumentum in oppositum dicendum est quod nullum temporale est causa alicuius aeterni, et ideo reprobatio non est aliqua una res aeterna quae habeat causam in creatura. Sed ista propositio « Deus reprobat istum », quae est ab aeterno vera, bene habet causam, illo modo quo dicitur quod antecedens est causa consequentis. Et illud antecedens est ita aeternum sicut consequens. Quia antecedens est istud « iste peccabit finaliter » et ista fuit ab aeterno vera, sicut ista « Deus reprobat istum ».

conforme à la raison droite, mais qu'elle n'est pas toujours à une raison droite préalable qui montre la cause pour laquelle la volonté doit vouloir cela. Mais du fait que la volonté divine veut cela, la raison droite dicte que cela doit être voulu.

Le second argument principal peut être concédé pour sa conclusion.

À l'argument en sens opposé, il faut dire que rien de temporel n'est cause de quelque chose d'éternel, et que la réprobation n'est donc pas une chose éternelle qui a une cause dans la créature. Mais cette proposition « Dieu réprouve celui-ci », qui est vraie de toute éternité, a bien une cause, au sens où l'on dit que l'antécédent est cause du conséquent. Et l'antécédent est éternel comme le conséquent. Car l'antécédent est « celui-ci pèchera finalement » et cette proposition a été vraie de toute éternité, comme celle-ci « Dieu réprouve celui-ci ».

TABLE DES MATIÈRES

GUILLAUME D'OCKHAM

TRAITÉ SUR LA PRÉDESTINATION ET LA PRESCIENCE DE DIEU À L'ÉGARD DES FUTURS CONTINGENTS

ANNEXES

DU MÊME AUTEUR

Nominalisme. La théorie de la signification de Guillaume d'Ockham, Paris, Vrin, 2002.

Christianisme : héritage et destins, Paris, LGF, 2002.

Prescience et liberté, Paris, PUF, 2004.

Vincent Descombes. Questions disputées, B. Gnassounou et C. Michon (dir.), Nantes, Cécile Defaut, 2006.

LA PHILOSOPHIE MÉDIÉVALE
EN POCHE

Textes philosophiques

ANSELME, *Sur l'existence de Dieu* (Proslogion), introduction, texte
  latin, traduction et notes par A. Koyré, 112 pages.
BONAVENTURE, *Itinéraire de l'esprit vers Dieu*, introduction, texte
  latin et traduction par H. Duméry, 112 pages.
– *Le Christ maître*, introduction, texte latin et traduction par
  G. Madec, 142 pages.
THOMAS D'AQUIN, *Textes sur la morale*, traduction et commentaire
  par Ét. Gilson, 392 pages.

Études philosophiques

BOUGEROL J.-G., *Introduction à saint Bonaventure*, 304 pages.
GILSON Ét., *Héloïse et Abélard*, 216 pages.
– *Introduction à la philosophie chrétienne*, édition et préface de
  Th.-D. Humbrecht, 204 pages.
– *Le philosophe et la théologie*, préface de J.-F. Courtine, 224 pages.
– *Les métamorphoses de la Cité de Dieu*, 288 pages.
LIBERA A. de, *Albert le Grand et la philosophie*, 296 pages.
VIGNAUX P., *La philosophie au Moyen Âge*, introduction et
  bibliographie par R. Imbach, 336 pages.

COLLECTION « SIC ET NON »

HEYTESBURY G., *Sophismata asinina, Une introduction aux disputes logiques du Moyen Âge*, F. Pironet (éd.), 644 pages.

MICHON C., *Nominalisme. La théorie de la signification de Guillaume d'Occam*, 528 pages.

NICOLAS D'AUTRECOURT, *Correspondance, Articles condamnés*, Ch. Grellard (éd.), 192 pages.

PERINI-SANTOS E., *La théorie ockhamienne de la connaissance évidente*, 224 pages.

PICHÉ D., *Le problème des universaux à la faculté des arts de Paris entre 1230 et 1260*, 368 pages.

—LAFLEUR C. (éd.), *La condamnation parisienne de 1277*, 352 pages.

PORPHYRE, *Isagoge*, A. de Libera et A.-Ph. Segonds (éd.), 244 pages.

ROSIER-CATACH I., *La Parole comme acte. Sur la grammaire et la sémantique au XIIIe siècle*, suivi de textes traduits, 370 pages.

—GRONDEUX A. (éd.), *La* Sophistria *de Robertus Anglicus*, 412 pages.

SIRAT C., GEOFFROY M. (éd.), *L'original arabe du* Grand Commentaire *d'Averroès au* De Anima *d'Aristote. Prémices de l'édition*, 128 pages.

Imprimerie de la Manutention à Mayenne – Novembre 2007– N° 325-07
Dépôt légal : 4e trimestre 2007

Imprimé en France